道徳授業の発問構成
1・2年

編者
赤堀 博行・柳下 高明

教育出版

はじめに

　昨今，子どものいじめ問題が社会問題化しています。平成25年６月28日には，平成25年法律第71号としていじめ防止対策推進法が公布されました。

　この法律は，いじめの防止等のための対策を総合的，効果的に推進するため，基本理念を定め，国及び地方公共団体等の責務を明らかにするとともに，いじめの防止等のための対策に関する基本的な方針の策定やその対策の基本となる事項を定めたものです。この法律の第15条には，基本的施策として学校におけるいじめの防止について，児童等の豊かな情操と道徳心を培い，心の通う対人交流の能力の素地を養うことがいじめの防止に資することを踏まえ，すべての教育活動を通じた道徳教育及び体験活動等の充実を図らなければならないことが示されています。

　道徳教育が目指すものは，主体性のある日本人を育成するための基盤としての道徳性を養うことであり，いじめの防止に特化したものではありませんが，法律に道徳教育の充実が示されたことは，子どもたちの豊かな心を育む観点からも多くの人々が道徳教育に期待を寄せているものと考えられます。

　学習指導要領の第１章総則には，道徳の時間を要として学校の教育活動全体を通じて道徳教育を行うべきことが示されています。「要」が意味することは，道徳の時間が重要であることと同時に，道徳教育は道徳の時間だけで行うものではないということです。道徳の時間は，学校の教育活動全体で行う道徳教育を補充，深化，統合する役割を担っています。道徳の時間は学校の教育活動全体を通じて行う道徳教育の上に成り立っています。一方，学校における道徳教育は道徳の時間なしには充実が期待できません。

　道徳の時間では道徳的実践力を育成することがねらいです。そして，道徳的実践力を育成するために，道徳的価値の自覚を深める学習を行います。この道徳的価値の自覚を深めるために，資料を活用して学習するのです。この学習で重要なことが授業者の資料活用であり，発問構成です。資料活用も発問構成も資料によって固定的に考えるものではありません。授業者が児童の実態などに応じて資料活用の仕方も発問構成も工夫しなければなりません。

　本書は，文部省資料，文部科学省資料をはじめ，多くの学校で活用されている資料をもとに，複数の意図的な発問構成を例示しています。多くの学校で道徳的価値の自覚を深める授業を構想する際の参考としてくだされば幸いです。

平成25年10月

　　　　　　　　　　　　文部科学省初等中等教育局教育課程課　教科調査官　　赤堀　博行
　　　　　　　　　　　　　　　　　　所沢市立牛沼小学校校長　　柳下　高明

目　次

はじめに

理論編
1　道徳の時間の特質を生かした授業構想 …………………………………………………… 2
2　子どもの発達の段階を生かした道徳授業と発問構成 ………………………………… 8

事例編
1　主として自分自身に関すること
　1　(1)　健康や安全に気を付け，物や金銭を大切にし，身の回りを整え，わがままをしないで，
　　　　規則正しい生活をする。
　　　　「かむかむメニュー」／「むしばの　こどもの　たんじょうび」……………………… 16

　2　(1)　健康や安全に気を付け，物や金銭を大切にし，身の回りを整え，わがままをしないで，
　　　　規則正しい生活をする。
　　　　「ノートのひこうき」／「え本の　ひとりごと」………………………………………… 22

　3　(1)　健康や安全に気を付け，物や金銭を大切にし，身の回りを整え，わがままをしないで，
　　　　規則正しい生活をする。
　　　　「ぽんたと　かんた」／「かぼちゃのつる」……………………………………………… 28

　4　(2)　自分がやらなければならない勉強や仕事は，しっかりと行う。
　　　　「シロクマの　クウ」／「がんばれ　ポポ」……………………………………………… 34

　5　(3)　よいことと悪いことの区別をし，よいと思うことを進んで行う。
　　　　「おじいさん　はい　お水」／「みみずくと　お月さま」……………………………… 40

　6　(4)　うそをついたりごまかしをしたりしないで，素直に伸び伸びと生活する。
　　　　「うそをついた　ひつじかい」／「しょうじきな　きこり」…………………………… 46

2　主として他の人とのかかわりに関すること
　7　(1)　気持ちのよいあいさつ，言葉遣い，動作などに心掛けて，明るく接する。
　　　　「たびに　でて」／「おじいさん　こんにちは」………………………………………… 52

　8　(2)　幼い人や高齢者など身近にいる人に温かい心で接し，親切にする。
　　　　「はしの　上のおおかみ」／「ぐみの木と　小鳥」……………………………………… 58

　9　(2)　幼い人や高齢者など身近にいる人に温かい心で接し，親切にする。
　　　　「たんぽぽ」／「ぼくは　二年生」………………………………………………………… 64

10 (3) 友達と仲よくし，助け合う。
　　　「二わの　ことり」／「金いろのクレヨン」……………………………………… 70

11 (3) 友達と仲よくし，助け合う。
　　　「およげない　りすさん」／「ゆっき　と　やっち」………………………… 76

12 (4) 日ごろ世話になっている人々に感謝する。
　　　「きつねとぶどう」／「たけとんぼづくり」…………………………………… 82

3　主として自然や崇高なものとのかかわりに関すること
13 (1) 生きることを喜び，生命を大切にする心をもつ。
　　　「まりちゃんと　あさがお」／「ナイチンゲール」…………………………… 88

14 (1) 生きることを喜び，生命を大切にする心をもつ。
　　　「ハムスターの　あかちゃん」／「がんばれアヌーラ」……………………… 94

15 (2) 身近な自然に親しみ，動植物に優しい心で接する。
　　　「あっ，たすけて」／「がんばれ！　くるまいすの　うさぎ　ぴょんた」… 100

16 (3) 美しいものに触れ，すがすがしい心をもつ。
　　　「しあわせの王子」／「ななつぼし」…………………………………………… 106

4　主として集団や社会とのかかわりに関すること
17 (1) 約束やきまりを守り，みんなが使う物を大切にする。
　　　「よりみち」／「いいのかな」…………………………………………………… 112

18 (1) 約束やきまりを守り，みんなが使う物を大切にする。
　　　「きいろいベンチ」／「おじさんの手紙」……………………………………… 118

19 (2) 働くことのよさを感じて，みんなのために働く。
　　　「もりの　ゆうびんやさん」／「みんなの　ニュース　がかり」…………… 124

20 (3) 父母，祖父母を敬愛し，進んで家の手伝いなどをして，家族の役に立つ喜びを知る。
　　　「おかあさんのつくったぼうし」／「かぞくニュース」……………………… 130

21 (4) 先生を敬愛し，学校の人々に親しんで，学級や学校の生活を楽しくする。
　　　「もんた先生　大すき」／「わたしの学校，いい学校」……………………… 136

22 (5) 郷土の文化や生活に親しみ，愛着をもつ。
　　　「ぎおんまつり」／「ひろばの花」……………………………………………… 142

おわりに
編者・執筆者紹介

道徳授業の発問構成

理論編

1 道徳の時間の特質を生かした授業構想

(1) 道徳の時間の特質

　道徳の時間の目標は,「学習指導要領 第1章総則」に示されている道徳教育の目標に基づいて,各教科,外国語活動,総合的な学習の時間及び特別活動における道徳教育と密接な関連を図りながら,計画的,発展的な指導によってこれを補充,深化,統合し,道徳的価値の自覚及び自己の生き方についての考えを深め,道徳的実践力を育成することである。

① 道徳の時間と道徳の時間以外の道徳教育との密接な関連を図る

　道徳教育の要としての道徳の時間の指導と各教科等における指導との関連を図るということは,例えば,各教科等における指導の目標,内容や教材が,道徳の時間の指導のねらいや主題,資料とのかかわりが見られ,関連を図ることによってより効果を高めることが期待できる場合などに,指導時期の配慮などを行うということである。

② 計画的,発展的な指導を行う

　このことは,端的に言えば各学校が作成した年間指導計画に従って道徳の時間の指導を行うということである。道徳の時間の年間指導計画は,学校の道徳教育の全体計画に示されている教育関係法規,時代や社会の要請や課題,各自治体などの重点施策,学校や地域の実態や課題,教職員や保護者の願い,児童の実態と課題などの基本的把握事項をもとに,各学校が設定した道徳教育の重点目標を目指して,1時間の道徳の時間の指導を,いつ,どのようなねらいで,どのように授業を行うのか,その概要を示した計画である。

　計画的,発展的な指導とは,児童の日常的な行動に即して指導を行うというものではない。かつて,年間指導計画における主題やねらいなどの欄を部分的に空白にして,その時期の児童の生活上の課題解決のための指導を行おうとするような事例があったが,このような年間指導計画は不適切であり,そこで行われる道徳の時間の指導は計画的,発展的ではなく,道徳の時間の特質を生かした指導とはいえない。道徳的実践力の育成を目指す道徳の時間の指導は,計画的,発展的に行うことが大切である。

③ 道徳の時間以外で行われる道徳教育を補充,深化,統合する

　補充,深化,統合については,次のように考えることができる。
ア　補　充

　学校における道徳教育は,学校の道徳教育の重点目標を設定し,その重点目標にかかわる学習指導要領の第3章道徳の第2に示された道徳の内容について指導を展開する。この内容は一般的に重点内容項目といわれている。学校の実情や児童の実態などが異なれば,重点目標が異

なり，当然ながら重点内容項目も異なる。

この重点内容項目は，ともすると道徳の時間だけの重点内容項目ととらえがちであるが，道徳の時間を要として行う学校の教育活動全体を通じて行う道徳教育の重点内容である。

内容によっては，各教科等の特質を考えれば，必ずしもどの教科のどの単元，あるいは題材でも道徳教育として指導できるとは限らない。例えば，ある学校は第1学年の1-(4)「うそをついたりごまかしをしたりしないで，素直に伸び伸びと生活する」ことについて，日常的には指導しているが，各教科等の授業のなかでは指導の機会が少ないという状況があれば，この1-(4)の指導を道徳の時間で補うことが必要になる。これが，補充である。

学校の道徳教育の重点目標や重点内容項目が異なれば，当然ながら補充する内容も異なる。

イ 深化

各教科等にはそれぞれの目標があり，その達成を目指して授業を展開する。したがって，各教科等のなかで道徳教育を行ったとしても，児童はそれらの活動を通して道徳的価値の意味などについて必ずしもじっくりと考え，深めることができているとは限らない。

具体的には，第6学年の社会科には，「優れた文化遺産についての興味・関心と理解を深め，我が国の歴史や伝統を大切にし，国を愛する心情を育てる」というねらいがある。これを目指して，例えば，京都の室町に幕府が置かれた頃の代表的な建造物や絵画について調べ，室町文化が生まれたことを理解する学習が展開される。足利義満が建てた金閣や足利義政が建てた銀閣などの建造物や，雪舟によって描かれた水墨画などの絵画を取り上げて調べる。この学習のなかで，教師は意図的に，道徳の内容項目4-(7)「郷土や我が国の伝統と文化を大切にし，先人の努力を知り，郷土や国を愛する心をもつ」ことを指導することが考えられる。しかし，社会科の重要なねらいは，今日の生活文化に直結する要素をもつ室町文化が生まれたことがわかるようにすることであり，児童が授業のなかで，伝統や文化を尊重し国を愛することについてじっくりと考え，深めることができているとは限らない。そこで，道徳の時間において，道徳的価値の大切さや自己とのかかわりなどについて一層考えを深めることが求められる。これが，深化である。深化する内容も学校よって異なることはいうまでもない。

ウ 統合

児童は，学校生活のなかで，様々な働く体験をしている。具体的には，総合的な学習の時間において環境問題を課題にした場合，環境の保全やよりよい環境の創造のために主体的に行動する実践的な資質や能力及び態度を育てるために，ボランティア活動などの社会体験を行うことがある。また，特別活動における児童会活動で，児童が自発的，自治的な活動として，校内美化に取り組む実践的な活動を行うことがある。さらに，勤労の尊さや生産の喜びを体得させるために，勤労生産・奉仕的行事として地域清掃を行うこともあるし，当番活動の指導として，その役割や働くことの意義などをじゅうぶんに理解させることも行われる。

このように，教師の意図的な指導によって児童は働く体験を多様にしているが，それぞれの勤労にかかわる学習を断片的にとらえ全体的なつながりなどについて考えないままに過ごすことも考えられる。そこで道徳の時間では，これらの指導及びその成果をもとに全体的に，ある

いは自分とのかかわりを深めながら勤労や奉仕について全体的に考えさせることが必要になる。これが統合である。

④ 道徳的価値の自覚及び自己の生き方についての考えを深める

道徳的価値の自覚を深める学習は，以下のようにとらえることができる。

ア 道徳的価値について理解する

「道徳的価値について理解する」ことについて，「学習指導要領解説 道徳編」には，道徳的価値が人間らしさを表すものであるため，同時に人間理解や他者理解を深めていくようにすることが示されている。このことから，道徳的価値の理解を次の三つの理解に整理することが考えられる。

ⅰ）道徳的価値は大切であること（価値理解）

これは，人間としてよりよく生きるうえで大切なことを，大切なこと，望ましいことと理解することである。友情にかかわる道徳の時間での児童の反応で例えてみると，「友達と仲よくすると本当に楽しいなあ」，あるいは「友達同士で協力し合うことは本当に大事だなあ」と感じたり考えたりすることである。また，勤勉・努力にかかわる授業であれば，「目標に向かって頑張ってやり遂げたときは，実にいい気持ちだなあ」とか，「自分のやらなければならないことをくじけずにやり抜くことは，本当に大切なことなんだなあ」と感じたり考えたりすることである。

ⅱ）道徳的価値は大切ではあるが実現は難しいこと（人間理解）

人間としてよりよく生きるうえで大切なことであっても，人間は常にそれらを行動として実現できているとは限らない。電車の中で高齢者に席を譲ることは親切な行為として大切であるとわかってはいても，様々な理由で躊躇してしまうことも少なくない。授業のなかの児童の反応でたとえると，親切の授業であれば「困っている人に対して親切にすることは大事なことだけれども，その人に声をかけることは難しいことだ」と考えたり，公徳心の授業であれば，「みんなで使う物や使う場所で，ともすると迷惑をかけてしまうことがあるなあ」と考えたり感じたりすることなどである。道徳の時間では，道徳的価値は大切であっても，容易に実現できない人間の弱さなども理解させることも求められるのである。

ⅲ）道徳的価値に関しては多様な感じ方・考え方があること（他者理解）

道徳的価値の具体的な行為として，実現は，それを実現する人やそのときの状況によって様々な感じ方，考え方に支えられているものである。逆に，道徳的価値を具体的な行為として実現できない場合でも，その感じ方，考え方も多様である。例えば，児童が廊下に落ちているごみを拾ったとする。ある児童は，「自分たちの学校をきれいにしたい」，またある児童は，「学校のみんなが気持ちよく生活できるように」と思ってごみを拾うなど，道徳的価値を実現する場合の感じ方，考え方が多様であることを理解させることである。また，道徳的価値を実現できない人間理解を図る場合にも，その背景には多様な感じ方，

考え方があるということを考えさせることも求められる。

イ　自分とのかかわりで道徳的価値をとらえる

　道徳的価値を自覚するということは，人間としてよりよく生きるうえで大切な道徳的価値について自分の状況を把握することである。したがって，道徳的価値の理解を図るときも，児童が道徳的価値を自分の問題としてとらえることが必要となる。

　授業のなかで読み物資料などを通して道徳的価値について考える場合，それを単に読み物のなかの事例としてとらえるのではなく，自分とのかかわり，つまり，これまでの自分の経験やそのときの感じ方，考え方と照らし合わせながら考えられるようにすることが重要になる。このような学習を通して，児童は道徳的価値の理解と同時に自己理解を深めることにもつながるのである。

ウ　道徳的価値を自分なりに発展させていくことへの思いや課題を培う

　児童が自ら道徳的価値にかかわる思いや課題を培うためには，現在，自分自身がどのような状態にあるのかを明確にすることが必要である。このような現状認識なしに課題を考えると，ともすると単なる空論になることが懸念される。そこで，児童一人ひとりが現在の自分はどのような状況にあるのかを知ることが大切になるのである。道徳の時間では，1時間の道徳の時間のねらいとする道徳的価値を視点に，振り返る学習が必要なのである。

⑤　道徳的実践力を育成する

　道徳的実践力とは，児童が将来出会うであろう様々な場面，状況においても，道徳的価値を実現するための適切な行為を主体的に選択し，実践することができるような内面的資質である。したがって，道徳の時間の指導は，児童の将来を見据えて行うものであり，児童の性急な行動の変容をねらうものではないということを再確認する必要がある。

　児童の将来を見据えた道徳の時間の指導であっても，児童が授業のなかでねらいとする道徳的価値にかかわる諸事象を自分とのかかわりで考えることで，結果として直近の行動に変容が見られることがある。このような授業を構想することは大切であるが，直近の変容をねらうことは道徳の時間の特質ではない。道徳の時間は，児童の将来に生きて働く道徳的実践力を育成することが基本であることを忘れてはならない。

(2)　確かな指導観に基づく道徳授業の創造

①　授業構想の基本的な考え方

　道徳の時間の指導に限らず，1単位時間の授業を構想する場合には，学習指導要領に示されている当該教科の目標や内容をおさえるとともに，各章に示された指導計画の作成に関する配慮事項などにじゅうぶん配慮し，地域や学校及び児童の実態を考慮して，指導方法や使用教材も含めて具体的な指導についての創意工夫を生かすことが求められる。つまり，効果的な指導計画の作成には，次の事項をおさえることが大切である。

ア　1単位時間の目標及び内容

イ　当該の学習を展開するうえでの児童の実態
　ウ　目標に向かって内容を指導するうえでの指導方法や使用教材などの工夫
　　授業を構想する場合には，このほかにも配慮すべきことが考えられるが，授業の根幹となるものは上記の３点であり，これらは授業者の指導観ともいえるものである。

② 確かな指導観に基づく道徳授業の創造
　授業のねらいに向けた効果的な指導を行うためには，授業者が１単位時間のねらいや指導すべき内容，児童の実態をもとに，どのような学習を展開するのか，指導観を明確にして授業を構想することが求められる。この指導観は，道徳の時間の学習指導案に「主題設定の理由」として示されることが多い。
　ア　ねらいとする道徳的価値についての理解を深める　─教師の明確な価値観─
　〈ねらいとする道徳的価値について〉
　　この項目には，授業者が，１時間で指導する主題に含まれる道徳的価値をどのように理解しているか，児童に対してねらいとする道徳的価値をどのように考えさせ，どのようなことを学ばせるかを示すものある。学習指導案に示されたこの項目を読めば，授業者の道徳的価値にかかわる考え方や日頃の指導の構えがわかる。
　イ　教師の価値観をもとに児童の実態を明らかにする　─児童観─
　〈児童の実態について〉
　　この項目では，児童がこれまでねらいとする道徳的価値にかかわってどのような学びをしてきたのか，どのような体験があるのか，それらの結果，子どもたちの道徳性はどのような状況なのかを示す。
　　本時の授業に際して，ねらいとする道徳的価値を視点として児童がどのような状況にあるのかを明らかにしなければ適切な指導の工夫は期待できない。児童の状況を明らかに示すためには，本時でねらいとする道徳的価値について道徳の時間以外でどのような指導を行ったのかを明らかにすることが必要となるのである。そして，それらの指導の結果，児童がねらいとする道徳的価値についてどのような状況にあるのかを明確にすることが授業の正否にかかわってくるのである。
　　この項目を読めば，授業者が本時において日頃の道徳教育を補充するのか，深化するのか，あるいは統合するのか，その方向性がわかる。
　ウ　教師の価値観，児童観に基づいて資料の活用の仕方を検討する　─資料観─
　〈資料について〉
　　この項目では，本時に資料をどのように活用して，道徳的価値の自覚を深めていくのかを記述する。資料は，すでに年間指導計画を作成した段階で選定されているが，学習指導案を作成する際には，その資料をどのように活用するのかをより明確に示すことが求められる。道徳の時間では様々な資料が活用されるが，その多くは読み物資料である。個々の読み物資料には，読み物としての山場がある。しかし，それらの山場は道徳の時間において必ずしも中心場面に

なるとは限らない。道徳の時間で活用する資料のどこを中心場面とするか，その根拠は教師の価値観であり，児童観である。授業者がねらいとする道徳的価値について，児童に最も考えさせたい事項が中心場面を決定するうえで重視されなければならない。

　例えば，「かぼちゃのつる」（文部省『道徳の指導資料　第3集』第1学年）を活用する場合でも，「わがままをしないことの大切さ」について価値理解を中心に学習展開するのであれば，例えば「車につるをひかれてしまったかぼちゃが，自分のわがままについて考える場面」が中心となるであろう。また，わがままを注意されてもなかなか受け入れられない人間の弱さについて人間理解を中心に学習を展開するのであれば「みつばちやちょうに注意をされる場面」あるいは「すいかに注意される場面」などを中心にすることが考えられる。

　資料をどのように活用するかは，授業者のねらいとする道徳的価値にかかわる思いや願い（価値観）や児童のねらいとする道徳的価値にかかわるこれまでの学びと，そこで養われた道徳性の状況に基づくことが基本である。その上に立って，効果的な資料活用を考えたい。効果的な資料活用のために資料を考察することを一般的に資料分析と呼んでいる。資料分析の手順は，おおむね次のとおりである。

ⅰ）教師の価値観，児童観を確認する。
ⅱ）資料を通読して，ねらいとする道徳的価値にかかわって児童に最も考えさせたい事項を明らかにする（この事象を含んだ場面が1時間の学習の中心になる）。
ⅲ）中心の学習が充実したものになるようにするために，その前後で子どもたちに考えさせることが有効と思われる事象（場面）を検討する。

　資料分析は，発問構成と密接にかかわっている。授業者が資料を検討するときは，当然資料のはじめから読み進めることになるが，発問構成は資料のはじめから行うものではない。資料のなかで，教師の指導観，児童観によって最も考えさせたいことを中心発問とするところから発問構成を始めることが大切である。

　道徳の時間の発問構成で何よりも大切なことは，授業者が明確な指導観をもち，1時間の学習で児童に何を考えさせたいのかを明確にすることである。

（赤堀　博行）

2　子どもの発達の段階を生かした道徳授業と発問構成

(1)　低学年の発達的特質

①　低学年段階における道徳性の育成

　学校生活は，小学校に入学した児童にとって，人と人とのつながりを広げる場である。入学式では，家族はもちろんのこと，先生や上級生，さらに地域の人々を含め，多くの人々に自分たちは見守られ，祝福されていることを感じる。そのことは，幼児期の枠を超え，多くの人との出会いの始まりである。学校の日課表や時間割表を手にするとき，学校では決められた時間のなかで勉強や遊びをすることに気付く。また，給食の時間には食べるだけでなく準備や片付けをすることを知り，清掃時間には自分たちの生活の場をみんなで協力してきれいにしていくことを知る。この時期の児童にとって，生活環境と人間関係の広がりは，人と人のかかわりのなかで育つ人間としての学びのスタートとなる。

　『学習指導要領解説　道徳編』では，低学年段階における道徳性の育成を次のように示している。

　この時期には，とくに道徳性の基本である自分でしなければならないことができるようになる。幼児期の自己中心性はかなり残っているが，他人の立場を認めたり理解したりする能力も徐々に発達してくる。動植物などへも心で語りかけることができる。善悪の判断や具体的な行為については，教師や保護者の影響を受ける部分が大きいものの，行ってよいこと悪いことについての理解ができるようになる。このような諸能力の発達そのものが，よりよく生きる力を引き出しているのである。教師には，それらをじっくり見守る姿勢が，まず求められる。また，この時期の児童は，知的能力の発達や学校などにおける生活経験によって次第に自主性が増し，様々なかかわりを広げていく。仲間関係においても，次第に自分たちで役割を分担して生活や遊びができるようになり，家庭や学級においても集団の一員としての意識をもってかかわりを深めていく。

　教師は，とくに児童が学校の生活リズムに慣れ，基本的な生活習慣を中心に規則的な行動が進んでできるように根気強くかかわる必要がある。また，行ってよいことと悪いことの区別がしっかりと自覚でき，社会生活上のきまりが確実に身に付くよう繰り返し指導する必要がある。そして，集団の一員としての自覚が次第に育つことに合わせて，みんなのために進んで働き役立とうとする意識を高めることも重要である。さらに，児童の素直な心を大切にし，空想的な想像の世界が広がっていくように，まわりの人々や動植物などとのかかわりに留意することや，自然とのふれ合いや，魅力的な読み物などを通して豊かな感性が育つよう配慮することが大切である。

　上記のように，低学年段階においては，基本的な生活習慣を身に付け，節度ある児童の育成を目指すことなど，自分自身に関する内容を基軸に身近な人や集団とのかかわりについて広く

考えさせる指導を心掛けたい。

　このように，人とのかかわりの幅が広がっていく低学年段階であるが，児童相互の関係は個々の児童の単なる集合の段階にある。教師と児童の関係が中心で，児童相互の関係は少ない。なかには，集団生活にうまく適応できない児童もいる。これらのことにはじゅうぶんな配慮が必要である。入学して以降の児童が個から集団へと徐々に幅広い人間関係を築いていく過程を見守りつつ豊かな道徳性を育んでいきたい。

② 　低学年段階の配慮事項

　今日的な課題および児童の発達の段階や特性等を踏まえ，基本的な生活習慣，規範意識，人間関係を築く力，社会参画への意欲や態度などを育成するといった観点から，各学年段階ごとに重点を示すことが大切である。とりわけ，規範意識の低下やいわゆるキレる子どもの存在など，自己統制の面での課題も指摘されていることから，社会生活を送るうえで人間としてもつべき最低限の規範意識を小学校段階からしっかりと身に付けさせておくことが求められている。

　低学年では，幼児教育との接続に配慮し，例えば，基本的な生活習慣や善悪の判断，きまりを守るなど，日常生活や学習の基盤となる道徳性の指導や感性に働きかける指導を重視する。とくに，幼児教育では，規範意識の芽生えを培うことが配慮されてきたことや家庭の教育力の低下が指摘されることから，内容項目1の(1)の基本的な生活習慣を身に付けることを重点的な内容として指導することが考えられる。この段階の児童は，小学校というまったく新しい社会での生活を始めることになる。比較的自由にふるまうことができた幼児期と違って，小学校では，様々なきまりや課題が課せられる。この期の児童に対しては，学校での生活に適応していくとともに，例えば，うそをつかない，人を傷つけない，人のものを盗まないなど，人としてしてはならないことや善悪について自覚でき，基本的な生活習慣や社会生活上のルールなどが身に付くようにしていくことが求められる。とくに，家庭との連携を密にしながら，自己のよりよい生活についての考えを深めることなどに結びつく基本的な道徳的価値を繰り返し指導することが大切である。

　この時期の前半では，まだ自己中心性からの脱却がじゅうぶんでなく，自主的な価値判断もできにくい状態であるが，大人に対する絶対的な尊敬と信頼をもっているから，教師は一貫した賞罰や是認，否認を用いることによって，望ましい行動の仕方を教え，善悪の価値基準を発達させるように指導することが大切である。

　この時期の後半には，悪についての観念や意識が少しずつ明確になってくるが，まだ一般的な知的判断力の発達はふじゅうぶんである。しかし，感情的には敏感になるので，できるだけ豊かな道徳的心情を養うよう努めなければならない。また，自分の欠点に気付いても内省して意識化させることは難しいので，児童の経験に近い具体的な出来事を視覚化するなどして，話合いを導くようにすることが効果的である。低学年の児童に対して，教師は児童のモデルという役割を担うことになる。そのため，教師は善悪を明確に把握して，道徳的に望ましい行動を一貫して教えるように慎重な配慮をしなければならない。

学習指導要領に示されている道徳の内容項目は，児童自らが道徳性を発展させていくための窓口ともいうべきものである。それらは，小学校の6年間及び中学校の3年間を視野に入れ，児童の道徳的心情の発達，道徳的価値を認識できる能力の程度や生活技術の習熟度などを考慮し，指導すべきものである。低学年の特性を踏まえて，関連的，発展的な取り扱いをし，重点的な指導を心掛けたい。今回の改訂で低学年に新たに加わった内容項目である4の(2)「働くことのよさを感じて，みんなのために働く」は，児童が身近な集団の役に立つために働くという社会参画への意識を育てることを意図したものである。みんなのために働くことを楽しく感じているという実態を生かし，働くことで役に立つうれしさや，やりがい，自分の成長などを感じられるように指導したい。

(2) 低学年の発達特質を生かした発問構成の基本的な考え方

　道徳の時間における発問は，授業のねらいを達成するために重要な役割を担っている。教師の適切な発問により，児童は，自ら問いかけたり，全員で一緒に考え合ったりしながら，一人ひとりがねらいとする道徳的価値を追求把握し，内面的な自覚を深めることができる。教師と児童，児童同士がそれぞれ発言することによって，他の児童の考え方や感じ方を知り，それぞれの立場を理解し尊重し合っていく。一つ一つの発問が，何のためになされているのか，ねらいにどうつながっているのかという発問の目的をしっかりとらえ，そのうえで，児童の思考の流れに沿いながら，一貫性のある発問がなされなければならない。また，発問した内容は，児童にじゅうぶんに考えさせ，発表のための思考の整理の時間を与えるべきである。児童は，理解はしていても表現力や語彙の不足から，どう発表すればよいかわからず不安になってしまうことがある。時間的ゆとりを与え，応答を助けるように配慮することも必要である。

　そして何より大切なことは，児童が安心して発言できる学級の雰囲気である。教師の言葉が，素直に児童の心に受け入れられ，児童が相互に友達の発言を注意深く聞き，一人ひとりの発言が学級のなかで生かされるような人間関係を育てていくことが重要である。日頃の学級経営の成果が，道徳の時間における発言を活発にしていく基盤であることを忘れてはならない。

① 学習指導過程に即した発問の工夫
ア　導入段階の発問
　展開段階で扱う資料には，ねらいとする道徳的価値以外にも様々な関連する道徳的価値が含まれている場合が多い。そのために，児童のなかには，ねらいとする道徳的価値以外に関心をもって資料を読んだり視聴したりする場合が見られる。ねらいに即した話合いを深めるためには，導入段階で本時のねらいに含まれる道徳的価値に気付かせる発問が必要になる。

イ　展開段階の発問
　はじめに，資料にかかわる発問を考えなければならない。読み物資料の場合は，資料中の主人公などの道徳的行為や気持ち，考えなどをじゅうぶんに理解させ，本時のねらいとする道徳的価値を把握させることに役に立つ発問が大切である。

次に，児童が資料中の主人公と主人公の置かれた状況の関係から把握した道徳的価値を，自分の生活のなかにあてはめて考えさせる発問が必要となる。児童一人ひとりが自分自身のこととして道徳的価値の把握を行うことで，ねらいとする道徳的価値の内面的な自覚を図ることができる。

ウ　終末段階の発問

終末の段階では，ねらいとする道徳的価値の確認を図り，児童自身が自ら道徳的価値の自覚を深め，実践への意欲をもつような発問を工夫することが大切である。

具体的には，補助資料を読んだり，教師の体験談を聞かせたりすることなどが考えられる。教師が自分自身の体験談を語る際に，成功体験だけでなく失敗談や迷ったことなどを，児童の心に届くように語りかけたい。たとえ失敗談であっても，児童は，その姿に教師の人間性を感じ信頼感を強めることになるであろう。

② 　多様な感じ方や考え方を引き出す工夫

児童は，道徳的価値に対する多様な感じ方や考え方に出会い，今までの自分の姿を意識したり，それらを自己の意識のなかに取り入れたりすることによって，これまでに学んだ価値観を補充したり，深化したり，統合したりすることができる。したがって，授業のねらいに対する児童の多様な感じ方や考え方を引き出すための発問の工夫が大切である。

そのためには，まず，資料を検討し，ねらいにかかわる児童の多様な感じ方や考え方を引き出せる部分を明確にし，そこに視点をあてて，多様な感じ方や考え方を引き出すための発問を組み立てていく必要がある。例えば，読み物資料の場合，資料を分析し中心となる発問を工夫するなどして，児童が登場人物に託して本心を語ることができるような発問を用意することが重要である。

また，発問に対して児童一人ひとりがじゅうぶんに感じたり考えたりすることのできる時間を確保することが大切である。例えば，挙手した児童だけをすぐに指名するのではなく，どの児童にとってもじゅうぶんに考えることのできる時間を与えたり，挙手していない児童を指名したり，話合いのさせ方を工夫したり，書かせてから発言させたりするなどの工夫が考えられる。

③ 　発問を絞り込む工夫

教師による発問は，児童の思考や話合いを深める重要な鍵になる。発問によって児童の問題意識や疑問などが生み出され，多様な感じ方や考え方が引き出される。そのためにも，児童の意識の流れを予想し，それに沿った発問や，考える必然性や切実感のある発問，自由な思考を促す発問などを心掛けることが大切である。その際，授業での発問は重要なものだけに絞られていくことになる。

読み物資料を使う場合，資料に関する発問を構成するには，授業のねらいに強くかかわる中心的な発問をまず考えることになる。次にそれを生かすためにその前後の発問を考え，全体で

三つほどの基本発問に絞り込んでいくことになる。低学年の児童にとって，複数の登場人物に思考が分散することは好ましいことではない。主人公に焦点を絞って一体的にとらえることができるように発問を構成したい。

(3) 低学年の道徳の時間の指導の工夫

① 低学年の授業に生かす指導方法の工夫

道徳の時間に生かす指導方法には多様なものがある。ねらいを効果的に達成するには，児童の感性や知的な興味などに訴え，児童が問題意識をもち，意欲的に考え，主体的に話し合うことができるように，ねらい，児童の実態，資料や学習指導過程に応じて，最も適切な指導方法を選択し，工夫して生かすことが必要である。指導に際しては，児童の発達段階に応じて，指導方法を吟味したうえで生かすことが重要である。以下に低学年段階で生かせる工夫を示す。

ア　資料を提示する工夫

資料提示の方法としては，教師による読み聞かせが一般的に行われているが，その際，紙芝居にして提示したり，影絵，人形やペープサートなどを生かして劇のようにして提示したり，音声や音楽の効果を生かしたりする工夫などが考えられる。そのことが，低学年では理解の手助けとなることが多い。また，教師が道徳資料をできるだけ心を込めて読み聞かせることなどが考えられる。子どもは，読み聞かせに耳を傾けることを通して豊かな想像の世界を広げ，童話や昔話，物語などの内容をより豊かにとらえられるようになる。そのためにも，子どもの感性に訴え，強い感動を与える資料や，生きる喜びを感じられる資料などを選りすぐって用いることが大切である。

イ　表現活動の工夫

表現活動の工夫としては，児童が，人形やペープサートなどを手に持って演ずることも効果的である。また，低学年の発達段階は，体を動かすことを好む時期であり，動きやせりふの真似をして理解を深める工夫や特定の役割を与えて即興的に演技する工夫などが考えられる。さらに，実際の場面の追体験，観察などによる表現物を伴った活動も，実感的な理解につながり効果的である。

ウ　板書を生かす工夫

板書は児童にとって思考を深める重要な手掛かりとなる。板書は教師の伝えたい内容を示したり，その順序や構造を示したり，内容の補足や補強をしたりするなど，多様な機能をもっている。重要なことは，思考の流れや順序を示すような順接的な板書だけでなく，違いや多様さを対比的，構造的に示す工夫，中心部分を浮き立たせる工夫などを用いることである。低学年の児童にとっては，何よりも見やすい，わかりやすい板書であることが求められる。とくに低学年の児童は，視覚から話の内容に入り込みやすいので，パネルシアターの手法で，黒板を劇の舞台のようにして生かすことなども考えられる。

② 低学年の体験活動を生かす指導

　体験を生かした道徳授業とは，まず，自己の直接体験を支えにする授業のことである。児童は，日常の生活や学校の全教育活動において様々な体験をしている。そのなかで，様々な道徳的価値にふれ，感じ，考え，心を動かしている。その心の動きが，道徳の時間の指導を通してさらに大きく広がっていくようにすることが大切である。低学年の段階では，各教科等のなかで多様な体験を生かした学習が進められる。とくに，生活科のなかでは，身近にいる多様な人々とかかわったり，自然への関心を強めたりしている。その体験活動のなかで感じたことや考えたことを道徳の時間の話合いに生かすことで，指導の場をつなげ，児童の関心を深めることに結びつくと考えられる。学校が計画的に実施する体験活動によって，児童は体験を共有することができ，学級の全児童が共通の関心などをもとに問題意識を高めて学習に取り組むことが可能になる。

(4) 発問を構成する先生方へ

　児童は，「自分がよりよくなりたい」と素直に思っている。教師は，そのことを真摯に受けとめ認めてあげるようにしたい。また，児童は，先生をいちばん身近にいる生き方の手本・見本と思っている。教師は，その切なる思いに精いっぱい応えたいものである。この願いを満たしている児童と教師の関係が信頼関係である。児童の道徳性は，この関係に支えられた学級の雰囲気があってこそ，豊かに育っていくものである。学級のなかで「自分は大切にされている」という意識がもてることで，児童は道徳の時間においても自分を進んで表現しようとするものである。

　児童は，だれもが善や正義を好み，美しいものを求めて生きようとする心，つまり，道徳性の向上への意欲をもっている。その道徳性の向上への意欲を満たすのが道徳の時間である。教師は，児童の発言に対して一つ一つうなずき，そのよさを認めることが何よりも重要である。教師の姿勢や言葉かけが，子どもを後押しするのである。このことが，次の発問へつなげる大事な手立てとなり，一貫性と連続性のある発問構成に結びついていくはずである。

（柳下　高明）

道徳授業の発問構成

事 例 編

1 主として自分自身に関すること

(1) 健康や安全に気を付け，物や金銭を大切にし，身の回りを整え，わがままをしないで，規則正しい生活をする。

「かむかむメニュー」／「むしばの　こどもの　たんじょうび」

1 健康安全に関する内容

　主として自分自身に関することの(1)の項目は，基本的な生活習慣を身に付けるという大きな目標がある。これは，一人の人間が授かった生命を維持し，自立した人間に成長していくために定められたものである。そのためには，基本的な生活習慣を身に付けるとともに，節度ある生活を送ることができる児童の育成を進めなくてはならない。

　この基本的な生活習慣についての内容項目には，様々な内容が盛り込まれている。例えば，物や金銭の価値を考えて大切にすることや身の回りの整理整頓に関連すること，さらに，本時のように生命を維持するための根底的な内容である健康や安全に気を付けることである。この内容項目を指導する際は，1時間のねらいをより具体的なものにしたり，そのねらいに合わせて指導方法を工夫したりしていく必要があると考える。

2 低学年の健康安全にかかわる指導

　基本的な生活習慣の指導の要諦は，形から入って心にしみる指導をすることである。健康や安全に関する指導は，具体的な活動や実践を通して繰り返し指導することが大切である。ただし，低学年においても形の指導に終始するのではなく，「なぜ，そうするのか」「なぜ，そうなったのか」など，その理由を児童の発達段階や理解度，指導場面の状況に合わせて，繰り返し説明する必要がある。

　また，健康安全については，すべての道徳的価値項目の根底になりえる生命の保持・尊重を具体化するものの一つである。学校生活においては，登下校の安全指導をはじめ，休み時間の過ごし方，給食指導など毎日行われる常時活動の充実が道徳教育を充実させ，また，道徳の時間の指導がより効果的に表れると考える。1-(1)について指導する際は，学校生活の様々な経験から感じ，学んだことを見つめ直したり，考えをより深めたりできるような工夫を心掛けたい。

1-(1)：他の関連資料

- 「よぼうちゅうしゃ」　文部省『小学校　道徳の指導資料とその利用　3』
- 「きいきいのえんそく」　文部省『小学校　道徳の指導資料とその利用　5』

第1学年	「かむかむメニュー」
	出典：東京書籍『どうとく　みんな　たのしく』（2年）

1．資料の概要

> 　主人公のかずくんは，給食を食べるのが早い。「かむかむメニュー」の日に栄養士の小川先生から噛むことの大切さを聞いてもよく噛まずに給食を食べている。
> 　その夜，かずくんは夢を見る。よく噛まずに食べた食べ物がどんどんたまって，お腹の中で，「よくかんでないよ。」「はれつするぅ。」などと騒いでいる。
> 　次の日，かずくんは給食をよく噛んで食べ，先生にほめられる。それと同時によく噛んで食べることのよさに気付く。

2．資料の特質

　児童は「食べること」が本質的に大好きである。学校生活でも毎日の給食を楽しみにしている。その日常を取り上げた資料であり，児童にとってはたいへんわかりやすい内容である。また，主人公が同年代の子であることも主人公に自分の姿を重ね，深く共感して考えられる資料である。食育との関連が強く，日常の給食指導や学級指導の充実を図ることで，より道徳的価値について考えが深められ，より健康的な生活をしようとする心情が育てられる。

第2学年	「むしばの　こどもの　たんじょうび」
	出典：学校図書『かがやけ　みらい』（1年）

1．資料の概要

> 　本資料は，みなみらんぼう作詞・作曲の「むしばの　こどもの　たんじょうび」の歌をもとに作られたものである。
> 　ぼくは，明日の誕生日を楽しみにしていた。それと同時に以前から痛んでいた虫歯のことを心配していた。ぼくは，歯医者さんに行きたくなくて虫歯を我慢していたのだ。いよいよ我慢できなくなり，治療を受ける。歯医者さんには，もっと早く来てくれれば痛くならずにすんだのにと言われてしまう。
> 　その夜，虫歯の虫たちのパーティーの夢を見て，やっぱり歯磨きをきちんとしようと思う。

2．資料の特質

　内容がわかりやすく，子どもたちが親しみやすい資料である。誕生日のごちそうを楽しみにしている気持ちや，虫歯が気になっていたのにだまって我慢していた気持ち，そして，そのことに後悔し，次からは気を付けようとする気持ちの変化が時系列的に表れている。主人公に共感し，その気持ちを追っていくことで，自分のこととして健康に気を付けて規則正しい生活をしようとする態度を育てることができる。

●第1学年●

「かむかむメニュー」の発問構成 1

健康に気を付けることの大切さを考えさせる発問構成

1 発問構成のポイント

本資料は，児童が毎日の学校生活のなかでも楽しみの一つである給食を題材としたものであり，内容がわかりやすいとともに，興味・関心が高い内容である。そのため，低学年の児童にとっても考えを深めやすいと考える。かずくんに共感し，噛むことは大切だとわかっていながらできない気持ちや，よく噛んで食事できたときの満足感を感じられるようにしたい。そのために，中心発問で役割演技を取り入れ，かずくんにより共感できるよう指導を進めたい。

2 展開例

・ねらい：食事の大切さを知り，健康に過ごそうとする心情を育てる。
・学習指導過程

学習活動　主な発問と児童の反応	指導上の留意点
1　食事をしているときの様子について発表し合う。 ○好き嫌いをせずに，食べていますか。 ○食事のときによく噛んで食べていますか。 ○残さずに食べていますか。 2　資料「かむかむメニュー」を読んで話し合う。 (1) 栄養士の小川先生の話を聞いても，いつものようにすごい早さで給食を食べているかずくんは，どんなことを考えていたか。 ・早く食べたい。 ・噛むことが大切なのはわかるけど，早く食べたい。 (2) お腹が破裂しそうな夢を見たかずくんは，おそるおそるお腹を触りながらどんなことを考えていたか。 ・こわかった。 ・しっかり噛んで食べればよかった。 (3) 先生にほめられて，かずくんはどんな気持ちになったか。 ・やっぱりよく噛んで食べることって大切なんだ。 ・これからはよく噛んで食べよう。 3　体にいいことについて話し合う。 ○よく噛んで食事をすることのほかに，元気に過ごすために頑張っていることはあるか。 4　教師の説話を聞く。	・小川先生の話を聞き，よく噛んで食べることは大切だということに気が付いてはいるが，よく噛まずに食べているかずくんの姿に気付かせる。 ・よく噛んで食べなかったことを後悔する気持ちがあることに気付かせる。 ・役割演技を取り入れる。教師が先生役，児童をかずくん役にして実際にほめることで，ほめてもらったうれしさと，これから続けていこうという意欲を感じ取らせたい。 ・食事のほかにも健康に過ごすための生活について考えさせる。 ・教師自身が健康に気を付けていることを話す。

●第1学年●

「かむかむメニュー」の発問構成　2
健康に気を付けることに対する多様な感じ方や考え方に出会わせる発問構成

1　発問構成のポイント

　本時では，導入や終末の展開において指導の工夫を加えた発問構成となっている。まず，導入では，クイズのように発問することで，児童の興味をひくようにする。さらに，答えを提示することで，資料への理解が深まるようにしたい。終末においては，ゲストティーチャーを招き，今後の生活をよりよく過ごすための意識付けを図りたい。ただし本展開では「食」に関する内容から健康安全に広がりがもてないため，その点については留意したい。

2　展開例

- ねらい：食事の大切さを知り，健康に過ごそうとする態度を育てる。
- 学習指導過程

学習活動　主な発問と児童の反応	指導上の留意点
1　「かむかむメニュー」について知る。 　○「かむかむメニュー」とはどんなメニューなのかを想像させ，発表し合う。 　・よく噛んで食べるメニュー。 　・噛まないと食べられないもの。 2　資料「かむかむメニュー」を読んで話し合う。 (1)　栄養士の小川先生の話を聞いたかずくんは，どんなことを考えたでしょう。 　・たくさん噛むことは大切なんだ。 　・よく噛んで食べよう。 (2)　いつものようにすごい早さで給食を食べながら，かずくんはどんなことを考えていたでしょう。 　・今日もおいしいな。 　・噛むことも大切だけど，早く食べたいな。 (3)　夢を見たかずくんは，起きてお腹をさわりながら，どんなことを思ったでしょう。 　・やっぱりよく噛むことが必要なんだ。 　・これからはよく噛んで食べよう。 3　健康に気を付けようとした経験について発表し合う。 　○健康にいいと思っても続けられなかったことはあるか。 4　栄養士の話を聞く。	・「かむかむメニュー」とはどんなメニューなのか想像することで，資料に興味をもつ。また，教師が説明することで，資料への導入を図る。 ・噛むことが大切であることを知り，素直に納得する心情をおさえる。 ・動作化を取り入れ，噛むことが大切なことはわかるが，よく噛むことができないかずくんに共感し，心情を考える。 ・できなかった自分を振り返り，これからの生活をよりよくしようとするかずくんの心情を考える。 ・わかっていてもできなかったことがあるはずなので，その視点で振り返らせる。 ・給食をどんな思いで作っているのかを話すようにする。

●第2学年●

「むしばの　こどもの　たんじょうび」の発問構成　1
正しい生活習慣を身に付けた喜びを味わわせる発問構成

1　発問構成のポイント

　本資料は，児童にとってたいへん身近な経験を題材にしたものである。その資料の特性を生かし，本時では，導入の工夫として実際の生活経験から資料への導入を図る。多くの児童が一度は虫歯の経験をしていると考える。その経験を発表することで，虫歯にはよい印象がないことをおさえる。また，虫歯の経験がない子にとっても資料の世界に浸るためのきっかけとしたい。終末では，本時の指導が虫歯に特化することのないように，健康に関する他の説話をする。

2　展開例
- ねらい：規則正しい生活の気持ちよさに気付き，健康に過ごそうとする心情を育てる。
- 学習指導過程

学習活動　主な発問と児童の反応	指導上の留意点
1　虫歯の経験について発表し合う。 ○どんな生活をすると，虫歯になりますか。また，虫歯になるとどんなことが困りますか。	・虫歯になる原因が生活習慣の乱れにあることに気付かせるとともに，資料への導入を図る。
2　資料「むしばの　こどもの　たんじょうび」を読んで話し合う。	・資料の世界に浸れるよう，紙芝居等で資料提示をする。
(1)　歯が痛くなって我慢できなくなったぼくは，どんなことを考えていたか。 ・痛いよ。我慢しなければよかった。 ・どうしよう。	
(2)　歯医者さんに「もう　すこし，はやく　くれば…」と言われたとき，ぼくはどんなことを考えていたか。 ・もっと早く来ればよかった。 ・だって，来たくなかったんだもん。	
(3)　虫歯の夢を見たとき，ぼくは心のなかでどんな気持ちになったか。 ・こんな夢は見たくない。 ・正しく磨けばよかった。	・夢での出来事を振り返る主人公に共感させ，よりよい生活を目指そうとする気持ちを考えさせる。
(4)　朝一番に歯を磨いたとき，どんな気持ちになったか。 ・気持ちがいいな。　・これからは，毎日磨こう。	・正しい生活習慣を身に付けたときの達成感や，爽快感を感じられるようにする。
3　自分の生活を振り返り，発表し合う。 ○健康に過ごすために頑張っていることはありますか。	・歯の健康以外にも振り返ることができるようにする。
4　教師の説話を聞く。	

●第２学年●

「むしばの こどもの たんじょうび」の発問構成　２
健康に気を付けることに対する多様な感じ方や考え方に出会わせる発問構成

1　発問構成のポイント

　本時はねらいにせまる手立てとして，導入や展開前段，展開後段にそれぞれ展開の工夫を取り入れている。導入は，クラスで歌を歌うところから始める。みんなが楽しい雰囲気で始められるようにする。誕生日がうれしいものだという実感を高めることで，主人公により共感できると考える。展開前段では，役割演技を取り入れる。より深く，主人公に共感することで考えを深められるようにしたい。また，展開後段では手紙形式のワークシートを活用する。手紙にすることで低学年でも多くの児童が，自分の気持ちを表現できると考えた。

2　展開例

・ねらい：健康に気を付け，規則正しい生活をしようとする態度を育てる。
・学習指導過程

学習活動　主な発問と児童の反応	指導上の留意点
1　「むしばの こどもの たんじょうび」の歌を聞き，資料への導入を図る。	・歌を聞き，楽しい雰囲気で始められるようにする。
2　資料「むしばの こどもの たんじょうび」を読んで話し合う。	・歯が痛く，気になる気持ちと歯医者に行きたくない気持ちがあることをおさえる。
(1)　おかあさんに「はいしゃさんに いきましょう」と言われたとき，ぼくは，どんなことを考えていたか。 ・行きたくないな。 ・嫌だけど，行かないとどうなってしまうんだろう。	
(2)　歯医者さんに「もう すこし，はやくくれば…」と言われたとき，ぼくはどんなことを考えていたか。 ・早く来ればよかった。 ・だって，来たくなかった。	・教師が歯医者役，児童がぼく役になり，役割演技をする。教師が歯医者役になり，会話を続けることで，ぼくの心情を深く考えられるようにする。
(3)　虫歯の夢を見た次の日，歯磨きをしながらぼくは，どんなことを考えていたでしょう。 ・これからは，毎日歯を磨こう。 ・歯磨きってやっぱり大切なんだ。	
3　自分の生活を振り返りながら，手紙を書く。 ○自分に手紙が来るとすれば，どんな手紙が来るか考えてみましょう。	・ワークシートを活用する。手紙にすることで，普段考えが発表できない子も自分の考えを整理することができる。
4　教師の説話を聞く。	・歯の健康以外にも健康には気を付けることがあることに気付かせる。

（神崎　祐輔）

1 主として自分自身に関すること

(1) 健康や安全に気を付け，物や金銭を大切にし，身の回りを整え，わがままをしないで，規則正しい生活をする。

「ノートのひこうき」／「え本の　ひとりごと」

1　物金銭活用に関する内容

『小学校学習指導要領解説　道徳編』によると，1−(1)の内容は，「大きく二つからなる」としている。一つは「基本的な生活習慣に関すること」，もう一つは「進んで自分の生活を見直し，思慮深く考えながら自らを節制していくこと」である。

人は，より豊かな生活を築くために，昔から日々努力してきた。しかし，物に不自由することがなくなった今，世界で「MOTTAINAI」という考え方が話題になり，物を大切にすることが注目されている。自分の生活を客観的に見直し，物や金銭を大切にすることが求められているのである。物や金銭を大切にするとは，例えば，無駄遣いをしないで物を最後まで使うことや身の回りの物を整頓すること，物や金銭の価値についてしっかりと認識することである。これらのことを身に付け，自分の生活を客観的に見直し節制していくことが気持ちのよい生活につながるのである。

2　低学年の物金銭活用にかかわる指導

子どもたちは，買ってもらった学用品やゲームなどにすぐに飽きて新しい物が欲しくなったり，落とし物をしても気付かなかったりすることがある。すべての子どもが物や金銭を大切にしようとする意識が高いとは必ずしもいえない。

しかし，学校生活や家庭生活のなかで，自分のお気に入りの物を大切にしようと思って実践したり，物を粗末に扱い後悔したりすることもある。物や金銭を大切にすることについての考えを深め，物や金銭を大切にして気持ちよく生活しようとする態度を育てることが重要である。

1−(1)にかかわる指導としては，特別活動の学級活動における「日常の生活や学習への適応及び健康安全」のなかの基本的な生活習慣の形成があげられる。

1−(1)：他の関連資料

- 「おもちゃのかいぎ」　文部省『小学校　道徳の指導資料とその利用　1』
- 「つかいふるしたげた」　文部省『小学校　道徳の指導資料　第1集』（2年）

第1学年　「ノートのひこうき」

出典：文部省『小学校　道徳の指導資料　第２集』（２年）

1．資料の概要

　男の子が，１冊のノートを買っていった。ノートの紙たちは心配しながら，男の子がていねいに使ってくれることを願っていた。ところが，ていねいに使ってくれていたのは最初だけで，男の子は，４ページ目の「ぼく」を２，３枚の友達と一緒に破り，飛行機に折って空へ飛ばした。大空を飛んだ「ぼく」は，鳥の仲間になったようでうれしかった。しかし，急に強い風が吹き，ノートの飛行機はみんな地面にたたきつけられた。「ぼく」は，大勢の子どもたちに踏みつけられ泥んこに汚されてしまった。
　休み時間が終わり，運動場には男の子もだれもいなくなった。運動場に捨てられ，隅っこに飛ばされたノートの飛行機は，みんな悲しそうな顔をしていた。仲間の一人は，「わたしたちは，どうなるのかしら」と泣きそうな顔でつぶやいた。

2．資料の特質

　子どもたちにとって身近なノートを主人公とした資料である。使われるノートの立場で，物の大切さを考えられるように構成されている。ノートの紙が，どんな子どもに買われるか心配し，ていねいに使ってほしいと願う気持ちや，飛行機に折られて飛ばされ運動場に捨てられたときの気持ちを考えさせることで，子ども自身とのかかわりで身の回りの物を見つめ直し，無駄遣いせずに物を大切にしようとする態度を育てることができる。

第2学年　「え本の　ひとりごと」

出典：教育出版『心つないで』（２年）

1．資料の概要

　のんくんは，図書館から絵本を借りた。のんくんは，夜寝るときも絵本を枕元に置いた。ところが，新しいおもちゃや漫画本がくると，いつのまにか絵本は部屋の隅に押し込まれてしまった。「早く　ここから　出して，としょかんに　かえしてよ」といくらさけんでも，のんくんは気が付かなかった。
　ある日，ガサッガサッという音で絵本が目を覚ますと，「おうい，え本さあん」と呼ぶのんくんの声が聞こえた。のんくんは，部屋中を探し回ってやっと絵本を見つけると，「ごめんね」と言いながら，絵本を抱えて，外に走り出した。

2．資料の特質

　この時期の多くの子どもたちは，学校の図書室や地域の図書館から絵本を借りた経験があるだろう。この資料は，貸し出された絵本の立場で，物を大切にすることについて考えられるように構成されている。最初は大事にされていたのに，部屋の隅へ押しやられた絵本の気持ちやのんくんに対する気持ちを考えさせることで，子ども自身とのかかわりで物を大切にすることについての考えを深め，気持ちよく生活しようとする態度を育てることができる。

●第1学年●

「ノートのひこうき」の発問構成　1
身の回りの物を大切に使おうと気付かせる発問構成

1　発問構成のポイント

子どもたちの身の回りにはいろいろな物があふれ，まだ使える物でも新しい物に買い換えたり，落とし物の持ち主が見つからなかったりすることがある。そこで，登場人物になって気持ちを考えることが好きな1年生の実態を踏まえて，ノートの立場になって気持ちを追うことで，物を大切にしなければならないという思いは高まってくるであろう。物の価値や使い方を自分とのかかわりで考えることで，自分の身の回りの物を大切にしているかどうか見つめ直すことができるようにしたい。

2　展開例

- ねらい：自分の身の回りの物を大切にしようとする心情を育てる。
- 学習指導過程

学習活動　主な発問と児童の反応	指導上の留意点
1　物を大切にしようと思った経験を発表し合う。 ○新しいノートを使うときは，どんな気持ちか。 ・きれいに書こう。　・大切に使おう。	・物を大切にしようとする気持ちを自分たちの経験をもとに考えさせるようにする。
2　資料「ノートのひこうき」を読んで話し合う。 (1)　自分が使われる番になり，わくわくしてきたぼくは，どんな気持ちだったか。 ・何を書いてくれるかな。 ・ていねいに使ってくれるといいな。	・大切に使ってくれることを願うノートの紙の気持ちを想像させることで，ノートの価値や使い方についての考えを深める。
(2)　踏みつぶされて泥んこになったぼくは，どんな気持ちだったか。 ・痛いよ。助けて。 ・ていねいに使ってくれると思ったのに，ひどいよ。	・粗末に扱われたノートの紙の気持ちを想像させることで，ノートの価値や使い方についての考えを深める。
(3)　運動場に捨てられたぼくは，男の子にどんなことを言いたい気持ちになったか。 ・ノートを大切にしてほしい。 ・ぼくは折り紙じゃない。	・(1)と(2)を受けて，(3)では物の扱い方についてノートの思いをじゅうぶんに出させたい。
3　身の回りの物を大切にしていることを発表し合う。 ○身の回りの物を，ていねいに使っているか。 ・きれいに削ってくれてありがとう。(鉛筆) ・ぼくに穴を開けないでね。(消しゴム)	・身の回りの物で，大切にしている物や粗末に扱っている物に気付かせる。
4　教師の体験談を聞く。	・教師の小学校時代の逸話を話すようにする。

●第1学年●

「ノートのひこうき」の発問構成　2
物を大切にすることについて多様な感じ方，考え方に出会わせる発問構成

1　発問構成のポイント

　子どもたちは，物を大切に使わなければならないことを知っていても，行動がともなわないことがある。そこで，物を大切にしようとする心情とともに，つい物を無駄にしたり粗末に扱ったりしてしまうわがままな気持ちについても考えさせる。ノートの紙で飛行機を折って飛ばした男の子の気持ちを自分自身とのかかわりで考えさせることで，物を大切にすることについて多様な感じ方や考え方に出会わせ，理解を深めるようにしたい。

2　展開例

- ねらい：物を大事に扱うことの大切さや難しさを知り，物を大切にしようとする態度を育てる。
- 学習指導過程

学習活動　主な発問と児童の反応	指導上の留意点
1　物を買った経験を想起して発表し合う。 　○新しい物が欲しいと思うのはどんなときか。 　・友達の持っている物を見たとき	・物の大切さを忘れ，わがままな気持ちになった自分たちの経験をもとに考えさせるようにする。
2　資料「ノートのひこうき」を読んで話し合う。 (1)　自分が使われる番になり，わくわくしてきたぼくは，どんな気持ちだったか。 　・何を書いてくれるかな。 　・ていねいに使ってくれるといいな。	・大切に使ってくれることを願うノートの紙の気持ちを想像させることで，物を大切に扱うことについて考えを深める。
(2)　男の子は，飛行機を折って空に飛ばしたとき，どんな気持ちだったか。 　・おもしろい。 　・字や絵をかくのは退屈だ。	・最初はノートを大切に使っていたことをおさえたうえで，男の子のわがままな気持ちを想像させる。
(3)　教室に戻った男の子は，破られたノートを見てどんなことを考えたか。 　・ノートを粗末にしてしまった。 　・今度から最後まで大切に使おう。	・わがままを抑えることができなかった男の子の気持ちを自分とのかかわりで考えさせることで，多様な感じ方，考え方に出会わせるようにする。
3　物を大切にした経験を発表し合う。 　○無駄にしたり粗末にしたりしないで物を大切にしたことはあるか。	・長い間または最後まで大切に物を使ったことを想起させる。
4　物を大切にする活動を知る。	・地域のリサイクル運動などを紹介する。

●第2学年●

「え本の　ひとりごと」の発問構成　1
身の回りの物を整頓して生活することの気持ちよさを感じさせる発問構成

1　発問構成のポイント

　身の回りの物を整頓し，物を大切にして毎日を過ごすことはとても気持ちのよいことである。しかし，子どもたちは，身の回りの物を整頓することが大切であると知っていても，行動がともなわないことがある。やっと絵本を見つけたのんくんの気持ちを考えることで，身の回りの物を整頓することの必要性，身の回りの物を整頓することが物を大切にすることや気持ちのよい生活につながることに気付くようにさせる。

2　展開例

- ねらい：身の回りの物の整頓が気持ちのよい生活につながることに気付き，進んで整頓しようとする心情を育てる。
- 学習指導過程

学習活動　主な発問と児童の反応	指導上の留意点
1　自分で整頓している場所を発表し合う。 　○整頓を心掛けている場所はどんな所か。 　　・自分の部屋　・机の中　・ロッカーの中 2　資料「え本の　ひとりごと」を読んで話し合う。 (1)　夜，のんくんの枕元に置いてもらっているぼくはどんな気持ちか。 　　・大切にしてくれてうれしい。　・のんくん，大好き。 (2)　部屋の隅の方へ押し込まれたぼくはどんな気持ちか。 　　・早くここから出して。 　　・図書館へ返す日だよ。 (3)　ぼくを見つけ，抱えて外に走り出したのんくんは，どんな気持ちだったか。 　　・部屋の隅に押し込んでごめんね。 　　・今度から整頓しよう。 3　身の回りの整頓をしてよかったことを発表し合う。 　○整頓をしてよかったと思うことはあるか。 　　・机の整頓をしてすっきりした。 　　・物をすぐに探すことができた。 4　教師の体験談を聞く。	・整頓して物を大切にしようとする気持ちを自分たちの経験をもとに考えさせるようにする。 ・大切にされているときの絵本の気持ちを想像させることで，使われる物の立場に立って物を大切にすることについて考えを深める。 ・粗末に扱われているときの絵本の気持ちを想像させることで，使われる物の立場に立って物を大切にすることについての考えを深める。 ・身の回りの整頓の必要性を実感したのんくんの気持ちを考えさせることで，身の回りの物を整頓することが，物を大切にすることや気持ちのよい生活につながることを考えることができるようにする。 ・身の回りの物を整頓してよかったと思うことを想起させる。 ・教師の小学校時代の逸話を話すようにする。

●第2学年●

「え本の　ひとりごと」の発問構成　2
物を大切にすることについて多様な感じ方，考え方に出会わせる発問構成

1　発問構成のポイント

　子どもたちは，物を大切にしなければならないことを知っていても，物を粗末に扱ってしまうことがある。そこで，物を大切にしようとするのんくんの心情とともに，つい物を粗末に扱ってしまう気持ちについても考えさせる。また，身の回りの物を片づけずにやっと絵本を見つけたのんくんに対する絵本の気持ちを考えることで，物を大切にすることについて多様な感じ方や考え方に出会わせ，理解を深めるようにしたい。

2　展開例

- ねらい：身の回りの物を整頓することの大切さや難しさを知り，物を大切にしようとする態度を育てる。
- 学習指導過程

学習活動　主な発問と児童の反応	指導上の留意点
1　身の回りの整頓について体験を発表し合う。 〇整頓がたいへんだと思うのはどんなことか。 ・面倒で片づけや整頓をしないことがある。	・身の回りの物を整頓できなかった自分の経験をもとに考えさせるようにする。
2　資料「え本の　ひとりごと」を読んで話し合う。	
(1)　夜，のんくんの枕元に置いてもらっているぼくはどんな気持ちか。 ・大切にしてくれてうれしい。　・のんくん，大好き。	・大切にされているときの絵本の気持ちを想像させることで，使われる物の立場に立って物を大切にすることについての考えを深める。
(2)　部屋の隅へ押し込まれたぼくはどんな気持ちか。 ・ここから出して。 ・もうすぐ図書館へ返す日だよ。	・粗末に扱われているときの絵本の気持ちを想像させることで，使われる物の立場に立って物を大切にすることについての考えを深める。
(3)　ぼくが「としょかんに　かえしてよ。」とさけんだとき，のんくんはどんなことを考えていたか。 ・しばらくしたら返すよ。 ・このままじゃまずいけど，今はいいや。	・つい絵本を粗末に扱ってしまったのんくんの気持ちを想像させることで，身の回りの物を整頓することの難しさに気付くことができるようにする。
(4)　「ごめんね。」と言いながら外に走り出したのんくんに対して，ぼくはどんな気持ちか？ ・気が付いてくれてよかった。 ・これからはもっと大切にしてね。	・絵本の立場で物を大切にすることについて考えることで，多様な感じ方，考え方に出会わせるようにする。
3　身の回りの整頓をしてよかったことを発表し合う。 〇整頓をしてよかったと思ったことはあるか。	・身の回りの物を整頓してよかったことと同時に整頓をせずに困ったことも考えさせる。
4　教師の体験談を聞く。	・教師の小学校時代の逸話を話すようにする。

（渡部　由美子）

1　主として自分自身に関すること

(1) 健康や安全に気を付け，物や金銭を大切にし，身の回りを整え，わがままをしないで，規則正しい生活をする。

「ぽんたと　かんた」／「かぼちゃのつる」

1　節度に関する内容

　道徳の内容項目1−(1)は大きく二つからなり，一つ目は基本的な生活習慣に関すること，そして二つ目がこの「節度」―自分で自分の生活を見直し節制すること―である。基本的な生活習慣を身に付けることは，人が生きていくうえで自分自身の生活を豊かにするとともに，集団において互いによい気持ちで生活するうえで不可欠なものである。親のしつけで取り上げられるのも基本的な生活習慣に関する内容が多い。つまり，これらのことは幼い頃から何度も教えられてきており，子ども心に大切な生活態度であることは理解していると思われる。しかし，その態度を継続することが難しかったり，欲求に負けて思うようにできなかったりするのが人間である。そこで必要となるのが内省，自分自身の生活を見直して改善しようとする心構えである。子どもが人格形成をしていくうえで基本的な生活習慣が身に付くとともに，それが望ましいことを内面から自覚し自制心が育つようにしていきたい。また，この二つは一方に偏ったものになってはならず，バランスよく指導していくことが重要であると考える。

2　低学年の節度にかかわる指導

　低学年は，大人の言いつけを守ることを通して善いことと悪いことについて理解し，判断できるようになる過渡期といわれる。また，自分自身を客観的に見つめる力が本格的に身に付いていく中学年への途上にあるといわれている。このことから，低学年の節度の指導においては，気持ちよく過ごすためには基本的な生活習慣を身に付けて節制することが大切であるということ，つまり，わがままな振る舞いや自分勝手な行動を自制することによって自分自身の生活が豊かになり，かつ，集団生活が望ましいものとなるということに気付かせることが大切である。この時期の児童は他者の気持ちやまわりの状況を推し量ることが難しく，言動が自分本位になっていることに気付かないことがある。そこで，失敗から学んでいくような内容やよい判断をしたときの気持ちのよさを扱った内容をもとにして話し合うことで「そんなことがあったな」と自分の生活を振り返ることができるようになることが大切である。また，家庭とも連携を取り，授業で話し合ったことを話題にしてもらって，児童の心に印象づけていくとよい。

1−(1)：他の関連資料

- 「るっぺ　どうしたの」　文部省『小学校　読み物資料とその利用「主として自分自身に関すること」』
- 「三べんかんがえて」　文部省『小学校　道徳の指導資料とその利用　4』

第1学年　「ぽんたと　かんた」

出典：文部科学省『小学校　道徳　読み物資料集』

1．資料の概要

> たぬきのぽんたとかんたは仲のよい友達である。
> 　放課後，公園で遊ぶことにしたぽんたとかんただが，かんたがぽんたを裏山の秘密基地に誘う。裏山は立ち入り禁止となっている場所で二人はそのことを知っていた。ぽんたはかんたを止めるがかんたは気にせず裏山へと入っていってしまう。ぽんたは断ったものの遊びたい気持ちもあり迷ってしまう。
> 　しかし，ぽんたは立ち入り禁止の場所に行くことの危険性を考えて意思を固め，かんたに大きな声で行かない理由を伝える。そしてそれは自分がよく考えて出した結論であることを話す。かんたはぽんたの思慮深さに感化されながらしばらく考えるが，自分で結論を出す。二人は自分を律し，正しい判断をした気持ちよさを味わうのだった。

2．資料の特質

　主人公がたぬきの子どもなので，物語を読む感覚で内容に親しむことができるとともに，児童自身の置かれている立場と，ほどよい距離感をもって読み進めることができると考える。してはならないことをしてみたい好奇心は子どもの大半が体験することであろう。ぽんたの心の揺れに共感し，人の心の弱さにふれながらも，自分を律していくことの大切さと気持ちのよさを感じ取ることのできる資料である。

第2学年　「かぼちゃのつる」

出典：文部省『小学校　道徳の指導資料　第3集』（1年）

1．資料の概要

> お天気のよいある朝のこと，かぼちゃ畑のかぼちゃはそのつるをぐんぐんと伸ばしていく。自分の思いどおりにしたいかぼちゃは，畑の外へとつるを伸ばしていく。自分の畑はまだまだ余裕があるにもかかわらず，人の通る道やすいか畑などにわがままいっぱいつるを伸ばす。みつばちやちょうちょ，小犬が注意を促し，すいかが懇願しても，それに反抗するかのようにつるを伸ばしていくかぼちゃ。
> 　そんななか，荷車を引いた人間が通りかかり，車輪によってついにそのつるはぷつりと切られてしまうのだった。かぼちゃは，つるを切られた痛みに涙がとまらなかった。

2．資料の特質

　主人公のかぼちゃがつるを伸ばそうするのは，何かに夢中になり自分本位になる子どもの姿と重なる。かぼちゃの自由奔放な振る舞いは単にわがままな悪い行動ということではなく，のびのびと生きようとするエネルギーでもある。そして，伸びていく途中で出会う動植物の思いが，かぼちゃの思慮の未熟さを裏付けている。最後もかぼちゃが大泣きするところで終わっているのでその後の展開を自由に考えさせることができる。児童から多様な価値観を引き出すことのできる資料である。

●第１学年●

「ぽんたと　かんた」の発問構成　1
意思の弱さを乗り越える自制心の大切さを話し合う発問構成

1　発問構成のポイント

　ぽんたとかんたの仲のよさをクローズアップし，一緒に遊びたいがために，裏山へ入ることはいけないとわかっていながらどうするか悩んでしまう，ぽんたの心の揺れに焦点をあてて話し合わせる。発問(1)で遊ぶ約束に気持ちが高まるぽんたの心情をとらえさせ，楽しみにしていたからこそ，かんたの誘いを断りきれないぽんたの胸の内をじゅうぶんに考えさせる。好奇心に抗えない子ども心は１年生の児童には大いに共感できるところだろう。そのうえで，自分を律し，よく考えて結論を出すということが大切であることに気付かせる。

2　展開例
- ねらい：健康や安全に気を付けて正しく行動しようとする態度を育てる。
- 学習指導過程

学習活動　主な発問と児童の反応	指導上の留意点
1　安全に楽しく遊ぶにはどうしたらよいかを考える。 ・友達と自分ができることを考えて遊ぶ。 ・わがままを言わない。	・児童が日頃から気を付けていることを思い起こさせ，本時のねらいへ思考を方向付ける。
2　資料「ぽんたと　かんた」を読んで話し合う。 (1)　かんたと遊ぶ約束をして，公園に向かうぽんたはどんな気持ちだったか。 ・今日は何して遊ぼうかな。 ・早く公園に行かなくちゃ。	・かんたと遊ぶことを楽しみにしているぽんたの気持ちのたかぶりを想像させる。
(2)　一人取り残されたぽんたは，どんなことを考えていたか。 ・ぼくも秘密基地に入りたいな。 ・入ってはいけないのに，どうしよう。	・発問(1)で話し合ったことをもとに，かんたの誘いが魅力的であることから，どうしたらよいのか迷っているぽんたの心の揺れに共感させ，じゅうぶんに話し合わせる。
(3)　大きな声でかんたに「いかない」と言ったぽんたは，どんな気持ちだったか。 ・ぼくは絶対行かないよ。 ・ぼくはよく考えて決めたんだ。	・ぽんたが大きな声で言ったわけを考えさせ，自分でよく考えたうえでの決心であることをとらえさせる。
3　自分の生活を振り返る。 ○我慢してよかったと思うことを発表しよう。	・日頃の自分の自制心を振り返らせ，自己の生き方についての考えを深めさせる。
4　教師の話を聞く。	・思慮深く，自制心をもつことの大切さについて語る。葛藤しながらも自分を律することができたときの喜びにふれられるとよい。

●第１学年●

「ぽんたと　かんた」の発問構成　２
自分を律して生活することの大切さを考えさせる発問構成

1 ― (1) 健康安全・物金銭活用・節度

1　発問構成のポイント

　かんたの気持ちを中心に話し合わせる。かんたの行動が自分勝手で思慮に欠けるものであるのに対し，ぽんたには危険なことはしないという意思の強さがあることを比較してとらえさせる。そして，ぽんたの自分を律する姿勢に感化され，かんたの心が変わっていくその裏付けをじゅうぶんに考えさせたい。最後の場面で安全なブランコ遊びをする二人の様子から，欲求に負けずによく考えて正しい生活をすることを選択したことの清々しさを感じ取らせたい。

2　展開例

- ねらい：自分の行動を振り返り，よく考えて行動しようとする態度を育てる。
- 学習指導過程

学習活動　主な発問と児童の反応	指導上の留意点
1　『心のノート』の「気持ちのいい一日」を見て，気持ちいい一日を過ごすにはどんなことに気を付ければよいか話し合う。 2　資料「ぽんたと　かんた」を読んで話し合う。 (1) 「へいき，へいき」と裏山に入っていくかんたは，どんな気持ちだろう。 ・わくわくするな。 ・ぽんたもくれば楽しいよ。 (2) 「ぼくは　いかない」とはっきり言うぽんたを見て，かんたはどんなことを考えただろう。 ・ぽんたは真剣なんだな。 ・ぽんたの言うとおり危険なことだった。 ・ぽんたはよく考えていてえらいな。 (3) 仲よくブランコ遊びをしている二人はどんなことを話しているだろう。 ・ブランコ遊びの方が安全だし，楽しいよ。 ・二人でよく考えたからすっきりしたね。 3　自分の生活を振り返る。 ○わがままをしないで，よく考えてやってよかったことを話し合おう。 ・ゲームをするのを我慢したら早寝早起きができた。 4　教師の話を聞く。	・児童が日頃感じていることを思い起こさせ，本時のねらいへ思考を方向付ける。 ・かんたの好奇心に共感させる。 ・ぽんたの意思の強さをまのあたりにし，自分を省みるかんたの気持ちを考えさせるとともに，ぽんたの決意の裏付けとなる「危険なことはしない」「自分勝手なことはしない」という価値観についてもとらえさせる。 ・この場面の二人の心の清々しさを感じ取らせるため，役割演技を取り入れる。 ・自分の立場に戻り，自分を律することの大切さを考えさせる。 ・自らを節制することの大切さについて語る。

●第2学年●

「かぼちゃのつる」の発問構成　1

わがままをしないことの大切さを考えさせる発問構成

1　発問構成のポイント

　わがままに振る舞うかぼちゃとそれにかかわるものたちの気持ちを中心に話し合わせる。この時期の児童は，自己中心的な考え方があり，思いどおりにならないとへそを曲げることもある。注意を促すものたちに対するかぼちゃの言動に着目させ，わがままな言動をしてしまう人の弱さを追体験させる。そのうえで，かぼちゃにかかわるものたちの気持ちを考えさせて，他の人の立場を考えてわがままは抑えなければいけないことの意味をじゅうぶんに考えさせたい。

2　展開例

- ねらい：わがままをしないで，健康や安全に気を付けようとする態度を育てる。
- 学習指導過程

学習活動　主な発問と児童の反応	指導上の留意点
1　だれかに注意されたときのことを思い出す。 　・宿題をしなさいとおかあさんに言われた。嫌だった。 　・廊下を走って怒られた。いけなかったなと思った。 2　資料「かぼちゃのつる」を読んで話し合う。 (1)　みんなに注意されてもつるを伸ばし続けるかぼちゃはどんな気持ちだったか。 　・うるさいな。ぼくの勝手だろ。 　・少しくらいいいじゃないか。 (2)　つるを伸ばすのをやめないかぼちゃに，みんなはどんな思いでいたか。 　・かぼちゃくんは，わがままで困るな。 　・かぼちゃくん，危ないよ。 (3)　荷車につるを切られたかぼちゃは，どんなことを考えていたか。 　・こんなところまでつるを伸ばさなければよかった。 　・みんなの言うことを聞かなかったからだ。 　・自分のことばっかり考えていた罰だ。 3　自分の生活を振り返る。 　○わがままをしないでよかったこと，わがままをしてしまって失敗したことはあるか。 4　保護者の話を聞く（手紙を読む）。	・注意を受けたときの気持ちも発表させ，児童が日頃感じていることを思い起こさせて，本時のねらいへ思考を方向付ける。 ・みんな忠告を聞かずにわがままに振る舞うかぼちゃの気持ちを考えさせる。 ・共感を促すため，ペープサートなどを活用して役割演技を取り入れる。 ・わがままな振る舞いに対する他者の思いに気付かせる。たくさんの動植物が登場するので，ここでもペープサートなどを使って役割演技をさせるようにする。 ・忠告を聞かずにみんなに迷惑をかけてしまったことを後悔するかぼちゃの思いを考えさせる。 ・ねらいに沿って自分の生活を省みることで，自己の生き方についての考えを深めさせる。 ・児童が家庭で，わがままをしないように行動できたことで，家族が気持ちよく生活できた体験を話してもらう。

●第２学年●

「かぼちゃのつる」の発問構成　２
節度についての多様な考え方や感じ方を出させる発問構成

1　発問構成のポイント

　かぼちゃの思いを中心に話し合う。つるをぐんぐん伸ばすかぼちゃの言動を単なる「わがまま」と批判的にとらえさせるのではなく，生き生きとした生命であるイメージをもたせる。そのうえでつい行き過ぎてしまうことや，他者の思いに気付かなかったりすることがあることに気付かせたい。かぼちゃの心の変容については，物語の後のかぼちゃの言動を想像させて，節度ある態度について，児童が自由に考えることができるようにしたい。

2　展開例

・ねらい：健康や安全に気を付け，節度をもって生活しようとする態度を育てる。
・学習指導過程

学習活動　主な発問と児童の反応	指導上の留意点
1　原田直友氏作の詩「かぼちゃのつるが」を音読する。 ・かぼちゃって，つるがいっぱい伸びるんだな。 2　資料「かぼちゃのつる」を読んで話し合う。 (1)　畑の外までつるを伸ばしたときのかぼちゃはどんな気持ちだったか。 ・つるを伸ばすのは気持ちいいな。 ・もっと伸びるぞ。大きくなるぞ。 (2)　荷車につるを切られてしまったかぼちゃは，この後，どう思ったか。 ・みんなごめんね。ぼくやりすぎちゃった。 ・これからは気を付けるよ。 ・みんな注意してくれてありがとう。 (3)　かぼちゃを見ていたお日様はどんなことを考えていたか。 ・もっとみんなの気持ちを考えようね。 ・これからは危ないことをしちゃだめだよ。 3　自分の生活を振り返る。 ○ついやりすぎてしまって後悔したこと，やりたくても我慢してよかったことはあるか。 ・楽しくてつい遊びすぎて，家に帰るのが遅くなった。暗くなってしまってこわかった。 4　教師の話を聞く。	・実物のかぼちゃやそのつるを見せ，生命力を感じ取らせるようにする。 ・のびのびと気持ちよくつるを伸ばすかぼちゃに共感させるため，かぼちゃの様子を動作化する。 ・夢中になり，他者の忠告が耳に届かなくなってしまったことに気付かせる。 ・吹き出しにかぼちゃの思いを書かせ，自分の節度の足りなさを感じているかぼちゃの心情をとらえさせる。後悔だけでなく，前向きに改善しようとする心構えなど，多様な考えを出させる。 ・お日様という客観的な立場を活用し，節度に対する児童の自由な考えを出させる。 ・ねらいに沿って自分の生活を振り返ることで，自己の生き方についての考えを深める。 ・節度を守ることの大切さを話す。

（岡﨑　秋世）

4 (2) 自分がやらなければならない勉強や仕事は，しっかりと行う。

1 主として自分自身に関すること

「シロクマの　クウ」／「がんばれ　ポポ」

1　努力・勤勉に関する内容

　低学年における「努力・勤勉」にかかわる内容は，学習指導要領第3章，道徳の内容1の「主として自分自身に関すること」の「第1学年及び2学年」の1-(2)「自分がやらなければならない勉強や仕事は，しっかりと行う」にあたる。

　人が自立していくためには，自分がやらなければならないことをしっかりできることが大切である。そして何事にも粘り強く取り組み，努力し続けることによって，自己のあり方や生き方が自覚されてくる。

　自分が不得意なことや苦手に感じていることを，自ら克服しようと努力を続け，その成果が上がったときの充実感のすばらしさを味わわせたい内容である。

　自分の行うべきことであると決めたことを最後まで粘り強く努力していこうと思うことは，児童が自立していくうえで大切な資質である。現実にはやらなければならないとわかっていてもなかなか実行できないことも多い。困難なことも目標をもってやり抜くための，強い意志力を育てるためにも重視したい内容である。

2　低学年の努力・勤勉にかかわる指導

　低学年の児童の多くは，何事にも興味をもち，係や当番の仕事を進んで行っている。家庭での手伝いや学級の係活動にも興味をもち，進んで仕事をしようとする姿も見られる。学習や運動でも頑張る姿が多く見られる。しかし，飽きてしまったり，遊びに夢中になってしまったりして，仕事を最後まで継続してやり遂げることができない傾向もある。

　また，自分の苦手なことや困難に直面するとあきらめて途中で投げ出したり，まわりの友達や担任や親に何とかしてもらおうとしたりして最後までやり通すことのできない児童も少なくない。係活動や当番活動では，やりたがりであるが仕事を忘れたり，怠けたりして学級の友達に不便な思いをさせる児童も見られる。

　このような児童に，自分のなすべき仕事や勉強などやらなければならないことは，くじけずにやり通そうとする気持ちを育てたい。

1-(2)：他の関連資料

- 「まめたろう　がんばれ」　文部省『小学校　道徳の指導資料とその利用　1』
- 「おふろばそうじ」　文部省『小学校　読み物資料とその利用「主として自分自身に関すること」』

事例編　1　主として自分自身に関すること

| 第1学年 | 「シロクマの　クウ」 |

出典：文部科学省『小学校　道徳　読み物資料集』

1-(2) 努力・勤勉

1．資料の概要

> シロクマのクウが自立するために，自分でえさをとることができるまでの様子が書かれている。
> 1．えさをとることがなかなかうまくいかない。
> 2．一人でとってみせると決めた。
> 3．疲れてとうとう座りこんでしまった。
> 4．一人で魚がとれたとき。
> これらの4場面を通してクウが自分の力でえさをとるまでの様子から自己実現への過程をおさえ，ねらいとする道徳価値の自覚を深めたい。

2．資料の特質

母親から自立しようとするクウの心の葛藤と姿を描いた話である。

自分が自立するには何事にも粘り強く取り組み，努力し続ける忍耐力も求められる。児童が，ともすると母親に頼りがちになるクウに共感し，親に甘えようとする心と自立しようとする心との間の迷いを考えさせたい。

| 第2学年 | 「がんばれ　ポポ」 |

出典：文溪堂『1ねんせいのどうとく』（1年）

1．資料の概要

> タンポポの綿毛のポポが，家族と別れ，初めて広い世界に飛び立ったが，すずめにつつかれたり，岩の上で何日も過ごしたり，つらい環境を乗り越えて，きれいな花を咲かせるという内容である。
> 1．一人立ちのときが来て，飛び立っていく。
> 2．岩の上で，何日も我慢していた。
> 3．広い野原で，きれいな花を咲かせた。
> これらの3場面を通して，ポポが花を咲かせるために我慢強く努力している姿をおさえ，自分とのかかわりを考えられるようにしたい。

2．資料の特質

家族と離れ一人立ちしたたんぽぽが，我慢強くつらい環境を乗り越えて花を咲かせるまでの物語である。展開前段で，児童はポポに自分を重ねてつらい環境を乗り越えていく思いを共感的に理解していく。展開後段では，導入で考えた自分の役割や仕事を振り返り，同じように頑張っていることやいたらなさに気付くようにする。

●第1学年●

「シロクマの　クウ」の発問構成　1
努力することに対する多様な考え方や感じ方を出させる発問構成

1　発問構成のポイント

　自立には，何事にも粘り強く取り組み，努力し続ける忍耐力も求められる。児童が，ともすると母親に頼りがちになるクウに共感し，親に甘えようとする心と自立しようとする心との心の迷いを考えさせたい。

2　展開例

- ねらい：自分がやらなければならない勉強や仕事は，しっかり行おうとする態度を養う。
- 学習指導過程

学習活動　主な発問と児童の反応	指導上の留意点
1　自分たちが家でやっている仕事について話し合う。 　・家でこんな仕事（お手伝い）をすると決まっていますか。	・児童が認識している仕事を自由に発表させて，ねらいとする道徳的価値への方向付けをする。
2　資料「シロクマの　クウ」を読んで話し合う。	
(1)　ちっともうまくいかないとき，クウはどんな気持ちだったか。 　・魚がとれなくて残念だ。 　・もう寒くて嫌だよ。	・ちっともうまくいかないで悔しい思いをしているクウに共感させる。
(2)　「こんどこそ，とって　みせるよ。」と言ったとき，クウはどんな気持ちだったか。 　・絶対に一人でとるぞ。 　・頑張るぞ。	・うまくいかないがまだ頑張ってみようというクウに共感させる。
(3)　座り込んでしまったとき，クウはどんなことを考えていたか。そのときの心のなかは，どんなだったか。 　・寒いよ。 　・おかあさんやってくれないかなあ。 　・頑張らなきゃいけないかなあ。	・クウの迷う気持ちをおさえ，あきらめや頑張りなどの多様な考えを出させる。
(4)　一人で魚がとれたとき，クウはどんな気持ちだったか。 　・うれしい。	・クウの達成感に共感させる。
3　たいへんだったけど自分で最後までやりきったことを発表し合う。	・自分の経験を想起して発表させる。
4　教師の説話を聞く。	

●第1学年●

> 「シロクマの　クウ」の発問構成　2
> # 努力して，自分でやらなければいけないことに気付かせる発問構成

1　発問構成のポイント

　自立できないクウに対する母親の気持ちを考えさせることで，甘えようとする子どもに対する親の気持ちにふれさせ，自分のこれまでの行いに気付き，やらなければならないことはしっかり行うことの大切さを考えさせたい。

2　展開例

- ねらい：自分がやらなければならない勉強や仕事は，しっかり行おうとする心情を養う。
- 学習指導過程

学習活動　主な発問と児童の反応	指導上の留意点
1　自分が家でやっている仕事について発表し合う。	・児童が認識している仕事を自由に発表させて，ねらいとする道徳的価値への方向付けをする。
2　「シロクマの　クウ」を読んで考える。	
(1)　「ねえ，おかあさんが　とってよ」って言われたときのおかあさんの気持ちはどうだったでしょうか。	・クウを一人前にさせようと思うおかあさんの気持ちに共感させる。
・困ったわね。自分のことは自分でしなければ。 ・なんとか頑張らせなければ。 ・しっかりした子になってほしい。	
(2)　おかあさんはどんなことを考えながらじっと見ていたのでしょうか。	・おかあさんの心の葛藤を考えさせる。
・自分で頑張りなさい。きっとできるわよ。 ・どうしましょう。助けた方がいいのかしら。	
(3)　おかあさんは最後ににっこり笑ったとき，どんなことを考えたでしょうか。	・おかあさんの喜びに共感させる。
・よく頑張ったね。これで一人で生きていけるわ。 ・これで一安心。自分で何でもできるわね。	
3　これまで一人で最後まで頑張ったことをおかあさんクマに教えてあげましょう。	・自分の体験をおかあさんクマに教えてあげることで振り返る。
4　教師の説話を聞く。	

●第2学年●

「がんばれ ポポ」の発問構成 1
苦しいことにも負けずに頑張り通そうとする気持ちを考えさせる発問構成

1 発問構成のポイント

たんぽぽの綿毛のポポが家族と別れ，初めて広い世界に飛び立った。

すずめにつつかれたり，岩の上で何日も過ごしたり，つらい環境を乗り越えて頑張り通してきれいな花を咲かせるまでの，くじけそうになる心と負けるものかという様々な思いをポポに共感させ，考えさせる発問構成とした。

2 展開例

- ねらい：自分がやらなければならない勉強や仕事は，しっかり行おうとする態度を養う。
- 学習指導過程

学習活動　主な発問と児童の反応	指導上の留意点
1　学校や家でしなければいけないことには，どんなことがありますか？	・児童が認識している仕事を自由に発表させて，ねらいとする道徳的価値への方向付けをする。
2　資料「がんばれ　ポポ」を読んで考える。	
(1)「おかあさん」と言いながら飛び出して行ったとき，ポポはどんなことを考えていたか。 ・ぼく一人でだいじょうぶかなあ。 ・これからは一人で頑張らなきゃ。	・一人で未知の場所に旅立っていく寂しさや不安を考えさせる。
(2) 何日も岩の上にいたポポはどんなことを考えていたか。 ・苦しいよ。暑いよ。もう頑張れないよ。 ・くじけないで頑張らなくちゃ。	・ポポに共感しやすいようにお面やプラカードなどを用意する。 ・苦しい気持ちと頑張らなきゃという気持ちの心の葛藤を想像させる。
(3) 広い野原できれいな花を咲かせたポポは，どんな気持ちだったか。 ・頑張ってよかった。 ・うれしいな。	・ポポの充実感や達成感を考えさせる。
3　最後まで頑張った仕事をポポに教えてあげましょう。 4　教師の説話を聞く。	・自分が頑張ったことをポポに知らせるお手紙を書いて，自分の行いを振り返る。

●第2学年●

「がんばれ　ポポ」の発問構成　2
期待や励ましに応える喜びを考える発問構成

1　発問構成のポイント

　子どもは，大人の期待や声かけに励まされて頑張れることもが多い。また，主人公のポポがおかあさんの願いに応え，自分がやらなければいけないことを頑張って最後までやり通したことに共感させながら授業を進めていく。

2　展開例

- ねらい：自分がやらなければならない勉強や仕事は，しっかり行おうとする心情を養う。
- 学習指導過程

学習活動　主な発問と児童の反応	指導上の留意点
1　学校や家でしなければならないことには，どんなことがありますか。	・児童が認識している仕事を自由に発表させて，ねらいとする道徳的価値への方向付けをする。
2　資料「がんばれ　ポポ」読んで考える。 (1)「おかあさんと　はなれて　くらすのよ」と言われたときのポポの気持ちはどんなだったでしょうか。 ・だいじょうぶかなあ。 ・心配だな。	・一人で未知の場所に旅立っていく寂しさや不安を考えさせる。
(2)「きれいな　はなを　さかせてね。」と言われたとき，ポポはどんなことを考えたでしょうか。 ・そんなこと言われても不安だなあ。 ・ようし頑張るぞ。	・ポポの不安な気持ちと希望に満ちている気持ちの両方とも共感させたい。
(3)　何日も岩の上にいたポポは，おかあさんの言葉を思い出してどんなことを考えていましたか。 ・もうやめた。 ・ぜったいに花をさかせる。	・苦しい気持ちと頑張らなきゃという気持ちの心の葛藤を考えさせる。 ・ポポに共感しやすいようにお面やプラカードなどを用意する。
(4)「ぼくは，こんな　きれいな　はなを　さかせましたよ。」と言ったときの気持ちはどんなだったか。 ・おかあさん頑張りましたよ。 ・うれしいなあ。	・ポポの充実感や達成感に共感させる。
3　自分が，頑張っていることをポポに教えてあげましょう。	・自分が頑張ったことをポポに知らせるお手紙を書いて，自分の行いを振り返る。
4　教師の説話を聞く。	

（大野　寿久）

5

1 主として自分自身に関すること

(3) よいことと悪いことの区別をし，よいと思うことを進んで行う。

「おじいさん　はい　お水」／「みみずくと　お月さま」

1　正義勇気に関する内容

　人としてやってよいこと，してはならないことは，小さいうちからしっかりと区別し判断して身に付けていくことが重要である。人は社会生活を営んでいくなかで，様々な課題や困難な場面に直面する。人間としてよりよく生きるためには，葛藤を乗り越えて，よいと思ったことと，正しいと思ったことは勇気をもって積極的に行っていくことが必要である。ここで扱う勇気は，蛮勇ではなく，「よいと思う」ことを実現する勇気である。まわりの友達の言動に左右されるのではなく，自分の思いをきちんと伝え，行動できることが大切である。

　勇気をもって行動するためには，たとえ自分の得にならなくても，自分の立場が不利になっても，正しいと信じたことは積極的に行うという強い意志が必要である。したがって，自分の心の弱さに打ち勝って積極的に行動する勇気を，小さい頃から身に付けていくことが大切である。

2　低学年の正義勇気にかかわる指導

　低学年の児童においては，他人から自分を認めてもらいたいという気持ちが強い。友達や親，教師に認められ励まされることは何よりの喜びであり，さらに進んで行動していこうとする意欲や勇気につながっていく。

　一方，よいことと悪いことの判断が，相手が強いか弱いか，好きか嫌いかで変わってしまう時期でもある。また，よいと思ってもものおじして行動に移せない場合もある。そこで，小さな勇気ある行動がとれたときには，その行為を認め，さらに他の場面でも，実行できるように励まし続けることが大切である。

　1－(3)にかかわる指導としては，体育科のゲームや学級活動における様々な実践活動において関連的に扱ったり，帰りの会で一日を振り返るときに扱ったりすることができるので，よいと思うことを進んで行った児童を称賛し合うなどの機会になる。

1－(3)：他の関連資料

- 「あかいボール」　文部省『小学校　道徳の指導資料とその利用　1』
- 「どんな1ねんせいになるのかな」　文部科学省『小学校　道徳　読み物資料集』

第1学年	「おじいさん　はい　お水」
	出典：文部省『読み物資料とその利用「主として自分自身に関すること」』

1．資料の概要

　主人公のしょうたとみよはいつもの木の陰から，土手で一休みする旅人の様子を見ていた。すると，疲れた様子のおじいさんが見えた。水筒の水を飲もうとしたがもうなくなっているのに気付きがっかりした様子である。がっかりしているおじいさんの様子を見て，迷った二人だったが決心し，しょうたが家へ走って水を取りに行く。みよはおじいさんのところへ行く。そして「おじいさん，はい　お水」と水おけを渡した。おじいさんはおいしそうに水を飲み，残りを水筒に入れた。喜んだおじいさんは，何度も手を振りお礼を言って出発する。二人は，手を振りながら顔を見合わせてにっこりした。

2．資料の特質

　民話風の内容構成になっているので，話の雰囲気を生かして話合いに入ることができる。優しい心の二人だが，知らない人というところに少しの躊躇があるという設定になっている。しかし，おじいさんの疲れた様子から，水をあげた方がよいと決心したところに注目したい。そして，二人が行動する気持ちを通して，よいと思ったことは進んで実行しようとする心情や態度を培うことができる。

第2学年	「みみずくと　お月さま」
	出典：文部省『小学校　道徳の指導資料　第2集』（1年）

1．資料の概要

　森の上から丸いお月さまが出て，野原が明るくなるともぐらの子どもたちの学校ごっこが始まった。乱暴者のいたちがやってきて先生もぐらに飛びついた。生徒もぐらは先生もぐらを心配して止めてほしいと頼むが聞き入れてくれない。この様子を見ていたみみずくは黙っていられず，いたちの前に下りてきて「ふとどきものめ」といたちの首根を捕まえた。いたちはびっくりしてしっぽを下げて鳴いた。一部始終を見ていたお月さまが空の上から「その勇気。それがなくてはいけないよ。乱暴者を恐れることはありません」とほめ，みみずくを優しく照らした。

2．資料の特質

　児童は資料を一読すると，いたちが悪いことはすぐにわかる。もぐらたちが先生もぐらを助けたいと思うがこわくてたまらないという気持ちもよくとらえられるようになっている。みみずくが乱暴者のいたちの前に出て先生もぐらを助けたときの心情について話し合ったり，お月さまがどうしてほめたかを考えることで，よいことと悪いことの区別をし，よいと思うことは，勇気を出して進んで行おうとすることの大切さに気付くことができる。

事例編　1　主として自分自身に関すること

1-(3) 正義勇気

● 第1学年 ●

「おじいさん はい お水」の発問構成 1
よいと思うことを進んで行うことの喜びを味わわせる発問

1　発問構成のポイント

　幼いが素直で優しい，そして人の役に立つことを単純にうれしく思う低学年の実態を踏まえ，本時では，よいことを進んで行ったときのうれしさを感得するようにする。よいことを進んで行うよさを考えながら，そのことが相手のためになっていることに気付いていけるような学習展開ができるようにする。そこで，おじいさんの様子を見た二人の主人公の心情の変化を考えることを中心に，話合いを進めていくようにする。

2　展開例

- ねらい：よいと思うことは，進んで行おうとする心情を育てる。
- 学習指導過程

学習活動　主な発問と児童の反応	指導上の留意点
1　よいことをしたことについて発表し合う。 　○よいと思ったことをしたことがあるか。また，それはどんなことか。	・ほめられた経験からよいと思ってやったことを発表させ，価値の方向付けをする。
2　資料「おじいさん　はい　お水」を読んで話し合う。 (1) おじいさんを見て，しょうたとみおはどんな気持ちだったか。 　・おじいさんは水が飲みたいんだな。 　・水がなくて困っているから持ってきてあげたい。	・おじいさんの様子から，のどが渇いて水が飲みたいのに飲めずにがっかりしていることに気付かせる。 ・お水を持って行けばおじいさんが喜ぶのではないかと思う二人に共感させる。
(2) 二人は，どんな気持ちからおじいさんに水を持ってきてあげたか。 　・困っているおじいさんを放っておけない。 　・水を持ってくればおじいさんは喜ぶだろう。	・おじいさんの様子から，今，水を持ってきてあげることがおじいさんにとっていちばんよいことであるという気持ちを想像させる。
(3) おいしそうに水を飲んでいるおじいさんを見て，二人はどんな気持ちだったか。 　・水を持ってきてよかった。 　・おじいさんが喜んでいる。 　・よいことをしてよかった。	・おじいさんのうれしそうな様子から，よいことをしたことを確認し，おじいさんの役に立った喜びを想像させる。
3　進んでよいことをした経験を発表し合う。 　○進んでよいことをして，よかったと思ったことはあるか。	・導入段階のよいことをしたことをおさえ，そのときの気持ちなどを振り返らせるようにする。
4　教師の体験談を聞く。	・同年代の頃，よいことをしてよかったと思った経験を話すようにする。

●第1学年●

「おじいさん　はい　お水」の発問構成　2
よいと思ったことを実行するまでの多様な感じ方，考え方に出会わせる発問構成

1-(3) 正義勇気

1　発問構成のポイント

　よいことをすると喜ばれたり，ほめられたりしてたいへん心地よいものである。しかし，生活のなかでの人間関係が限られている低学年の児童にとっては，これまでに関わったことのない人，知らない人に対しては，よいこととわかってはいても，ものおじして行動に移せないということがある。よいことをしたいけどできないという気持ちにも目を向けさせ，二人の迷いと行動に移そうと決心するまでの多様な感じ方や考え方についてじっくり話し合わせたい。

2　展開例

・ねらい：よいと思うことは，進んで行おうとする態度を育てる。
・学習指導過程

学習活動　主な発問と児童の反応	指導上の留意点
1　進んでよいことをした経験を発表し合う。 　○進んでよいことをしたことがあるか。 　・忘れ物をした友達に貸した。　・花に水をやった。 2　資料「おじいさん　はい　お水」を読んで話し合う。 (1)　おじいさんのがっかりした声を聞いたとき，二人はどんな気持ちだったか。 　・おじいさん，水が飲みたいんだ。 　・水がなくて困っているだろうな。 (2)　迷いながら，黙っておじいさんの様子を見ていた二人は，どんなことを考えたか。 　・困っているおじいさんを放っておけないよ。 　・こわいおじいさんだったらどうしよう。 　・のどが乾いているのだから水を飲ませてあげようよ。 　・水が飲めたらおじいさんはうれしいよね。 (3)　おじいさんに手を振りながら顔を見合わせた二人は，どんな気持ちだったか。 　・おじいさんが喜んでいたのでよかった。 　・水を持ってきてよかった。 3　よいことを進んで行った経験を発表し合う。 　○よいことをしてよかったと思ったことはあるか。また，できなかったことはないか。 4　よいことができなかった教師の経験を話す。	・なぜよいことをしたか，理由についても自分たちの経験をもとに考えさせるようにする。 ・おじいさんの様子や言葉から，おじいさんが困っている気持ちを想像させる。 ・二人組で役割演技をし，決心するまでの気持ちを想像させる。 ・しょうたとみよになって，「でも…。」の続きの会話を発表させ，話し合わせることにより，二人の葛藤や多様な考え方にふれさせる。 ・おじいさんの様子からよいことをした後の二人の喜びを想像させる。 ・二人の様子から，やってよかったとさわやかな気持ちになっていることを想像させる。 ・よいことをしようとしたができなかった経験も想起させ，その理由やそのときの気持ちを発表させる。 ・できなかったわけと今の気持ちを聞かせる。

●第2学年●

「みみずくと お月さま」の発問構成 1
勇気を出して行おうとすることの大切さを考えさせる発問構成

1 発問構成のポイント

　学校生活のなかでも資料と類似することが起きることを踏まえ，正しいと思ったことは，勇気を出して行うことのよさが感得できるようにする。そのために，生徒もぐらに共感させながら勇気を出して行動することができたみみずくの心情やよさを話し合わせる。そして，みみずくを称賛するお月さまの気持ちを想像させ，悪いことを憎み，正しいことを勇気を出して行うよさに気付いていけるよう，授業を展開する。

2 展開例

・ねらい：正しいと思ったことは勇気を出して行おうとする心情を育てる。
・学習指導過程

学習活動　主な発問と児童の反応	指導上の留意点
1　悪いことをしている人を見たとき，注意することができたか発表し合う。 　○いけないことをしている人を見たとき，注意したか。	・注意したかどうかについて発表させ，悪いことをとがめないようにする。そのため，固有名詞を出さずに発表させるようにする。
2　資料「みみずくとお月さま」を読んで話し合う。 (1)　先生もぐらが襲われたとき，生徒もぐらたちはどんな気持ちだったか。 　・先生がたいへんだ，助けなくちゃ。 　・先生を助けたいけど，いたちがこわい。	・先生もぐらと生徒もぐら，いたちの様子から先生もぐらを助けたいという気持ち，いたちを憎む気持ち，乱暴者のいたちがこわい気持ちが入り交じる，生徒もぐらの複雑な気持ちを想像させる。
(2)　みみずくがいたちをつかまえたとき，もぐらたちは，どんな気持ちだったか。 　・ああ，よかった。先生もぐらが助かった。 　・みみずくさんて，すごいな。	・こわくて行動できないもぐらの気持ちを想像させ，それをやってのけたみみずくのすごさに気付かせる。
(3)　お月さまがみみずくをほめるのを聞いたもぐらたちはどんな気持ちだったか。 　・悪いことを許してはいけないんだ。 　・勇気を出して立ち向かったみみずくはすごい。 　・ぼくたちも勇気を出して悪いことは悪いと言いたい。	・お月さまがみみずくをほめる様子から，悪いことを許さないという態度の大切さに気付く生徒もぐらの気持ちを想像させ，自分の生活においても同様であることに気付かせる。
3　不正な行いを注意した経験や注意できなかった経験を発表し合う。 　○いけないことを注意したことはあるか，また，注意できなかったことはあるか。	・いけない言動を注意したときだけでなく，注意できなかったときのことも想起させ，そのときの気持ちなどを振り返らせるようにする。
4　教師の体験談を聞く。	・同年代での経験を話すようにする。

●第２学年●

「みみずくと　お月さま」の発問構成　２
よいことと悪いことを区別し，勇気ある行動について考えさせる発問構成

1－(3) 正義勇気

1　発問構成のポイント

　集団生活を始めたばかりの低学年の児童にとって，悪い行いを見ても注意できないことはありがちである。そこで，善悪の判断をし，行動したみみずくの心情や行動を追っていくようにする。そのために，読み聞かせの前に，みみずくの気持ちを考えながら聞くように指示する。そして，みみずくの行動はどんな考えに基づいたものかを中心に話し合わせることで，善悪を正しく判断し，勇気をもって行動することの大切さが実感できるようにする。

2　展開例

- ねらい：不正な行いを憎み，正しいと思ったことは勇気を出して行おうとする態度を養う。
- 学習指導過程

学習活動　主な発問と児童の反応	指導上の留意点
1　善悪の判断をして行動した経験を発表し合う。 　○よいことか悪いことかを考えて行動したことがあるか。それはどんなことか。	・負の行動であっても，そこでとがめることはしないようにする。なぜそうしたか理由も言えるとさらによい。
2　資料「みみずくとお月さま」を読んで話し合う。 (1)　みみずくは，もぐらの学校に対してどんな思いをもっていたか。 　・よいことをしているな。　・熱心にやっていて偉い。	・みみずくの気持ちを考えながら聞き，みみずくの気持ちになって話し合うようにする。 ・学校ごっこを好意的にとらえ，もぐらたちを見守ってきたみみずくの気持ちを考えさせる。
(2)　みみずくは，いたちをつかまえたとき，どんなことを考えたか。 　・悪いことをしているのを黙って見てはいられない。 　・悪いことは悪いと言わなければならない。 　・これでよし，いたちを許してはいけない。 　・これでもぐらは安心だな。	・もぐらといたちの様子を想像させ，黙って見ていられなかったみみずくの気持ちを考えさせる。 ・どんな考えからいたちをこらしめたか考えさせ，みみずくの正義感に共感できるようにする。
(3)　みみずくは，お月様にほめられて，どんな気持ちだったか。 　・勇気を出して行動してよかった。 　・やっぱり悪いことは許してはいけないんだ。	・みみずくのうれしい気持ちを想像させ，勇気を出して行動したときのさわやかさを感じ取らせ，その価値を実感できるようにする。
3　不正を注意したことがあったか，また，注意できなかったことがあったか発表し合う。 　○悪いことをしている友達を見たとき，注意できたか，できなかったか。	・実行できたときの気持ちとできなかったときの気持ちの違いについて振り返ることができるようにする。
4　不正を注意したときの教師の体験を話す。	・心の葛藤に勝って実行できた喜びを話す。

（斎藤　恵美）

6 1 主として自分自身に関すること

(4) うそをついたりごまかしをしたりしないで，素直に伸び伸びと生活する。

「うそをついた　ひつじかい」／「しょうじきな　きこり」

1　明朗誠実に関する内容

　正直とは，心が正しく素直なこと，いつわりのないこと，誠実とは，他人や仕事に対して，まじめで真心がこもっていることである。つまり正直とは，だれかが見ていなくても恥ずかしくない行動がとれることであり，誠実とは人と人とのかかわりにおいて真心のこもった行動がとれるということである。また，誠実であるということは，大人社会で出会った人々と，その関係を深め，継続していく基盤となるといえる。その意味から，誠実であることを児童期から正しく理解し，思春期の時期に誠実な言動を行えるように育てていくことが重要である。

　「誠実さ」について，小学校の発達の段階から考察すると，「低学年では自己の内面としてうそやごまかしをしないことが誠実につながる」「中学年では他者との関係のなかで『誠実さ』についてふれ，過ちは改め，正直さを求めている」「高学年では自己の内面と他者とのかかわりの両面から『誠実』という言葉が直接的に登場する」という流れとして見ることができる。したがって，小学校で学ばせたい「誠実」とは，「うそをついたりごまかしたりせず，過ちは素直に認め，正直な言動で生活する」ことである。

2　低学年の明朗誠実にかかわる指導

　毎日の生活のなかで，自己の過ちを認め，改めていこうとする素直さや誠実さをもつことは大切である。また明るく楽しい生活を心掛けようとする姿勢をもつことも重要である。

　過ちや失敗はだれにでもある。ごまかそうとしてうそをつくか，自分の過ちを正直に認め，過ちにきちんと向き合い改めていけるかを，低学年の段階で，日常的に指導する必要がある。

　1－(4)にかかわる指導としては，日常において忘れ物をしたときの対応や，子ども同士のけんかなどがあげられる。自己保身のためにやったのに「やっていない」と言い張ったり，言ったのに「言ってない」ともめたりすることがある。自己中心的な時期の特徴と考えられるが，すぐにうそをついてしまうことが少なくない。この時期に，いけないことをしたら素直に非を認め，謝ることができるとともに，人の失敗を責めたり笑ったりせず，正直で素直にのびのびと生活できる態度を養うようにすることが必要である。

1－(4)：他の関連資料

- 「ぬれたボール」　文部省『小学校　道徳の指導資料とその利用　3』
- 「イタリアのアサガオ」　文部省『小学校　読み物資料とその利用「主として自分自身に関すること」』

第1学年	「うそをついた　ひつじかい」
	出典：文部省『小学校　道徳の指導資料　第1集』（1年）

1．資料の概要

> 子どもの羊飼いが一人ぽっちで退屈をしていた。ある日，「たいへん，たいへん，おおかみが（きたぞ）」と大きな声で騒ぎ立てるいたずらを思いついた。羊飼いが大きな声で村人に呼びかけてみると，村人はおおかみを退治しようと集まってきた。うそだとわかった村人は「こども　ふざけるな。うそつきめ。」と言って，帰って行った。しかし，羊飼いはおもしろがって，村人に何回注意されても，同じいたずらを繰り返した。ある日，本当におおかみがやってきたが，村人に「また，うそを　ついて　いる。」と相手にされず，結局，羊も羊飼いも狼に食べられてしまった。

2．資料の特質

　この資料は，いかに「うそ」が信用をなくすかがわかりやすく表現されている話である。登場人物も同年代の子どもと考えられ，共感しやすいであろう。うそをつくことはいけないことだが，ついてしまう人間的な弱さを感じ，後悔や自責の念に焦点をあて，正直に行動することの大切さを考えさせる展開を心掛けたい。

第2学年	「しょうじきな　きこり」
	出典：文部省『小学校　道徳の指導資料　第1集』（2年）

1．資料の概要

> 森の小屋にきこりがいた。毎日森の木を切って働いていた。ある日，木を切っているうちに，うっかり斧を湖に落としてしまった。「ああ，どう　しよう。」と，きこりが困っていると，湖から女神が現れて金や銀の斧を示した。しかし，きこりは目をくらませることなく，自分の斧は鉄だとはっきり言い，3本の斧をもらった。

2．資料の特質

　自分の欲望を抑えて，正直に対応することの大切さについて理解しやすい話である。金や銀の立派な斧を見せられてどのように思ったかを考えさせ，「欲しいけれど自分のではないと正直に言った誠実な心」を考えさせることができる。ただし，正直にするとごほうびをもらえるという打算的な考えをもたせないよう留意することが大切である。また，話の続きである，欲ばりなきこりについてふれると，より価値理解を深めることができる。

●第１学年●

「うそをついた　ひつじかい」の発問構成　1
うそが，人に迷惑をかけたり自分の信用をなくしたりすることに気付かせる発問構成

1　発問構成のポイント

　本展開では，うそを焦点化して構成している。うそはいけないことだとわかっていても，人間的な弱さからついうそをついてしまうことがある。そのことが人に迷惑をかけたり，最終的には自分の信用を失ったりしていることになる。主発問において，繰り返しうそをついたことがこれらのことを招き，だれも助けに来てくれなかったということを考えさせたい。

2　展開例

- ねらい：うそをついたりごまかしたりしないで，素直にのびのびと生活しようとする心情を育てる。
- 学習指導過程

学習活動　主な発問と児童の反応	指導上の留意点
1　うそという言葉から思い浮かぶことについて発表し合う。 ○うそと聞いてどのようなことを思い浮かべるか。 2　資料「うそをついた　ひつじかい」を読んで話し合う。	・うそはどのようなものかを考えることで，価値への方向付けを行う。
(1)　「たいへん，たいへん，おおかみが」と言ったとき，羊飼いはどんな気持ちだったか。 　・うそとわかったらどんな顔をするかな。 　・うそをつくいたずらで退屈しなくてすむぞ。	・「このくらいいいだろう」「おもしろそう」という思いからうそをついてしまう人間的な弱さに気付き，そんな弱さが自分にもあるのではないかと自己を見つめさせる。
(2)　繰り返しうそをつかれた村人たちは，どんなことを思っていたか。 　・二度とうそをつくなよ。 　・何回もだましやがって。腹が立つ。	・うそをつかれた側はどのような思いでいるのかを想像させる。
(3)　本当におおかみが来たとき，だれも助けに来てくれなかったが，羊飼いはどんなことを考えたか。 　・うそをついてしまったからだ。 　・うそをつくことはいけないことだったんだ。	・繰り返しうそをついたことで信用を失い，だれも助けに来てくれなかったことに気付かせる。 ・うそをつかない生き方のよさを考えられるようにする。
3　うそをついてしまったことを発表し合い，自分やまわりにどのような影響を与えているかを考える。 ○うそをついて人に迷惑をかけたり，信用をなくしたりしたと感じたことはありますか。	・うそをついてしまって，人に迷惑をかけたり，信用をなくしたと感じたりした経験を想起させる。
4　教師の体験談を聞く。	・教師の小学校時代の話をする。

●第1学年●

「うそをついた　ひつじかい」の発問構成　2
正直で素直に生活する大切さを考えさせる発問構成

1-(4) 明朗誠実

1　発問構成のポイント

本時では，正直に焦点をあてて授業展開をする。前半では，うそはついついてしまうものであることをしっかりおさえ，うそをつき続ける羊飼いの気持ちを考えさせる。うそを軽く扱ってしまうことで，信用をなくす結果となってしまうことに気付けるように，中心発問ではうそをつき続けた人間的な弱さに共感させ，正直に行動することの大切さを感じさせる展開にする。

2　展開例

- ねらい：正直で素直にのびのびと生活しようとする態度を育てる。
- 学習指導過程

学習活動　主な発問と児童の反応	指導上の留意点
1　うそをついた経験について想起し発表し合う。 　○うそをついたことはありますか。	・うそをついた経験を振り返り，うそというものはついついてしまうことであることを確認する。
2　資料「うそをついた　ひつじかい」を読んで話し合う。	
(1)　一人で番をしているとき，羊飼いはどんなことを考えていたか。 　・さびしいな。 　・何か楽しいことをしたいな。 　・だれかにちょっかいを出そう。	・一人で退屈しているときに，楽しいことを思いついたことを実行するワクワク感を想像させる。
(2)　いたずらをやめず，うそをつき続けたとき，羊飼いはどんなことを考えていたか。 　・さびしいから楽しいことをしたいよ。 　・だまされる方が悪いんだ。 　・謝れば許してくれるだろう。	・一人さびしく番をしていたので，うそはダメだとわかっていても，つい楽しくなってエスカレートしていく人間的な弱さを感じさせる。
(3)　本当におおかみが来たとき，羊飼いは村人たちに何と言おうと思ったか。 　・もう二度とうそはつきません。 　・これから正直に生きるので助けて。	・うそをついたことで自分の信用をなくす結果となり，正直で素直に生きることの大切さを感じられるようにする。
3　正直にしてよかったことを発表し合う。 　○正直にしてよかったと思ったことはありますか。	・正直にしてよかった経験を想起する。
4　教師の体験談を聞く。	・教師の小学校時代の話をする。

●第2学年●

「しょうじきな きこり」の発問構成 1
正直に行動することのすがすがしさを感じさせる発問構成

1 発問構成のポイント

　正直に行動することで，すがすがしい気持ちになることがある。本時では，きこりに共感させ，斧を落としてしまって本当に困っている心の中を考えさせる。そして，そんななかでも正直に行動したことがいい結果をもたらしたことを中心場面として扱う。ただし，ほうびを獲得したからよかったではなく，正直にしたときの気持ちに焦点をあてて進めることに留意する必要がある。

2 展開例

・ねらい：うそを言ったりごまかしたりしないで，正直に行動しようとする心情を育てる。
・学習指導過程

学習活動　主な発問と児童の反応	指導上の留意点
1　正直に言えたり言えなかったりしたことを思い出し，発表し合う。 　○正直に言えたり，言えなかったりしたことはありますか。	・正直に言えたり，言えなかったことを思い出し，価値への方向付けをする。
2　資料「しょうじきな　きこり」を読んで話し合う。	
(1) 湖に斧を落としてしまったとき，きこりはどんな気持ちだったか。	・大切な斧を落とし，きこりの困っている思いを想像させる。
・自分の大切な斧なのに…。困った。 ・たいへんだ。仕事ができない。	
(2) きこりは「わたしの　おのは，てつの　おの，…」と言ったとき，どんな気持ちだったか。	・金や銀の斧がほしい気持ちはあったが，結果として正直に言ったときの揺れ動く気持ちを想像させる。
・立派な斧だから，ほしかったけど。 ・ほしいけど，うそはいけない。	
(3) きこりは正直に言って，金・銀の斧をもらったとき，どんな気持ちだったか。	・正直にしたことによって，すっきりした気分になったことを感じさせる。
・正直に言ってよかった。 ・うそを言わないでよかった。 ・正直に言って気持ちがいい。	
3　正直にしてよかったことを発表し合う。 　○正直に言ってよかったと思ったことはあるか。	
4　教師の体験談を聞く。	・教師の小学校時代の話を聞く。

●第２学年●

「しょうじきな　きこり」の発問構成　2
正直に行動しようとすることに対する多様な感じ方，考え方に出会わせる発問構成

1－(4) 明朗誠実

1　発問構成のポイント

　正直にすることは大切なことである。しかし，うそを言ってもいいのではないかとつい思ってしまうことがある。本資料はまさにそのとおりで，立派な金の斧，銀の斧を目前にしてどうしようかきこりの心が揺れ動く場面を中心として扱いたい。その迷った場面で多様な感じ方，考え方に出会わせ，他者理解を深められるようにしたい。

2　展開例

- ねらい：うそを言ったりごまかしたりしないで，正直に行動しようとする態度を育てる。
- 学習指導過程

学習活動　主な発問と児童の反応	指導上の留意点
1　正直に言おうか迷ったときの経験を思い出し，発表し合う。 ○正直に言おうかどうか迷ったことはあるか。	・正直とうそやごまかしの狭間で迷った経験について思い出させ，ねらいとする道徳的価値への方向付けをする。
2　資料「しょうじきな　きこり」を読んで話し合う。 (1)　湖に斧を落としてしまったとき，きこりはどんな気持ちだったか。 　・自分の大切な斧なのに…。困った。 　・たいへんだ。仕事ができない。	・大切な斧を落とし，きこりの困っている思いを想像させる。
(2)　金の斧を持った女神が湖に沈んでしまったとき，きこりはどんなことを考えたか。 　・金の斧をもらっておけばよかった。 　・自分のものでなくても斧があればいい。 　・もし今度出てきたらもらってしまえ。	・金や銀の斧を目の前にして，欲を出してうそをつくか，うそはいけないから正直に言うか，迷っていることについて，多様な感じ方や考え方が引き出せるようにする。
(3)　きこりは「わたしの　おのは，てつの　おの，…」と言ったとき，どんな気持ちだったか。 　・立派な斧だから，ほしかったけど。 　・ほしいけど，うそはいけない。	・正直に言ったことがいい結果をもたらしたことにより，これからも正直にしようとする意欲をもたせるようにする。
3　正直にしようと思った経験を思い出し，発表し合う。 ○迷ったけれど，正直にしようと思ったことはありますか。	・導入段階の迷った経験を想起し，振り返られるようにする。
4　教師の体験談	・教師の小学校時代の話を聞く。

（岸本　貴之）

7　2　主として他の人とのかかわりに関すること

(1) 気持ちのよいあいさつ，言葉遣い，動作などに心掛けて，明るく接する。

「たびに　でて」／「おじいさん　こんにちは」

1　礼儀に関する内容

　あいさつや言葉遣い，動作などの礼儀作法は，社会的生活習慣の大部分を占めるものであって，よりよい人間関係を築いていくために欠くことのできないものである。いついかなる場合においても，親疎を問わず，様々な人間関係において，人格の相互敬愛を損なわないために，古来より，様々な礼儀作法がつくられてきた。それは，人間関係や社会生活を円滑にするためにつくり出され，受け継がれてきた人間の知恵であり，文化の一つでもある。

　礼儀は，相手の人格を尊重し，相手に対して敬愛する気持ちをあいさつや言葉遣い，動作などで具体的に示すことであり，心と形が一体となって表れてこそ，その価値が認められる。つまり，礼儀とは，心が礼の形になって表れることであり，礼儀正しい行為をすることによって，自分も相手も気持ちよく過ごせるようになる。

　人間関係の希薄化が指摘される現代社会のなかで，あいさつや言葉遣い，動作などをごく自然な形で振る舞うことは，互いの存在を肯定し合うことになり，人間関係や社会生活を円滑にするための第一歩である。そして，真心をもった態度と，時と場をわきまえた態度へと深めていく必要がある。

2　低学年の礼儀にかかわる指導

　低学年の段階においては，とくにはきはきとした気持ちのよいあいさつや言葉遣い，動作などの具体的な指導を通して明るく接することのできる児童を育てることが大切である。あいさつや言葉遣い，動作などを学校・家庭・地域の人々との協力により，大人と児童が一緒に実践するなかで，気持ちのよいあいさつや言葉遣い，動作などを積極的に賞賛することで実践意欲につなげていく。また，あいさつや言葉遣い，動作をすることで，自分も相手も気持ちのよいものであることを実践を通して感じ取らせていく。具体的な実践を学校や家庭などの生活全体で繰り返し指導し，形を習得させながら，道徳の時間では，それらの行動を支える心として相手を認め，敬愛する気持ちの大切さに気付かせ，心と形が一体となった行為が自然にできるように指導することが大切である。

2－(1)：他の関連資料

- 「たけしのでんわ」　文部省『小学校　道徳の指導資料とその利用　1』
- 「あさの　うた」　文部省『小学校　読み物資料とその利用「主として他の人とのかかわりに関すること」』

事例編　2　主として他の人とのかかわりに関すること

第1学年	「たびに　でて」
	出典：文部科学省『小学校　道徳　読み物資料集』

1．資料の概要

> あいさつ島のさるたちは，いつもみんな元気にあいさつをする。あいさつをすることが面倒だと感じているさるのけいたは，旅に出た。
> けいたがやってきたのは，あいさつのない島で，この静かな島が気に入る。ある日，水飲み場の場所を知りたくて話しかけたが，すれ違うさるたちはみんな黙って行ってしまう。やっと話してくれたさるも，指で「あっち」とだけ言った。その夜，けいたは，あいさつ島のことを思い出し，あいさつのことについて考える。次の日，出会ったさるに，思い切ってあいさつをした。最初は，小さな声で返事が返ってきただけであった。さらに次の日は，もっと元気な声であいさつをした。さらに次の日も，毎日毎日続けたことで，あいさつをしなかったさるたちが次第にあいさつするようになった。あいさつのない島に，元気なあいさつがあふれ，けいたも笑顔で明るく大きな声であいさつを返す。

2．資料の特質

　あいさつをすることが面倒であると感じていた主人公のさるのけいたが，自分からあいさつをするようになる姿を通して，気持ちのよいあいさつをすることの大切さを考えられるように構成されている。水飲み場を教えてもらう場面で，けいたの悲しい気持ちに共感したり，その夜木の上であいさつの大切さに気付き，あいさつしようと考えたけいたの気持ちを考えることで，気持ちのよいあいさつをしていこうとする態度を育てることができる。

第2学年	「おじいさん　こんにちは」
	出典：文部省『小学校　道徳の指導資料とその利用　4』

1．資料の概要

> お使いに出かけたふみおは，田んぼで働いている隣のおじいさんに，「こんにちは」と元気よくあいさつをした。おじいさんは，「こんにちは，ふみおくん。お使いかね，えらいね」と笑顔で声をかけた。ふみおは，おじいさんにほめられたので，お使いが楽しくなった。何日か後に，おかあさんは，ふみおがおじいさんにあいさつをしたことで，おじいさんが喜んでいたことを，うれしそうに話した。ふみおは，この何気ない一言でみんなが喜んでくれるということに気付く。あいさつに対して，おねえさんは，自分が恥ずかしくてできないことがあることを話し，おとうさんは，ふみおをほめた。夕食のとき，おかあさんは，大人はいろいろなときにあいさつをしていることや，今日のようにあいさつができるとよいことを助言した。ふみおは，これから知っている人に，きちんとあいさつをしようと心に誓った。

2．資料の特質

　普段何気なくしているあいさつには，相互に人を元気にさせたり，よい気持ちにさせたりすることができるという資料である。おかあさんから，あいさつをされたおじいさんが喜んでいたという話を聞いたふみおの気持ちを考えることで，あいさつをするとお互いに気持ちがよくなることを感得できる。さらに，お姉さんやおかあさんの話を聞いたときのふみおの気持ちを追求することで，元気のよいあいさつを心掛けて，身近な人に明るく接していこうとする態度を培うことができる。

2−(1) 礼儀

●第1学年●

「たびに　でて」の発問構成　1
あいさつをすることの気持ちよさに気付かせる発問構成

1　発問構成のポイント

　小さい頃からあいさつをするように指導され，だれもがあいさつすることが大切であると知っている。しかし，あいさつにどのようなよさがあるのかまでは気付いていないと思われる。本時は，あいさつをすることで自分も相手も気持ちよくなることに気付くように，木の上であいさつ島のことを思い出してじっと考えている場面を中心として授業を展開する。元気なあいさつがあふれるようになったことで，うれしく思うけいたの気持ちにも気付かせていく。

2　展開例

- ねらい：あいさつをすると自分も相手も気持ちがよくなることに気付き，身近な人に明るく接しようとする心情を育てる。
- 学習指導過程

学習活動　主な発問と児童の反応	指導上の留意点
1　いつ，どんなあいさつをするか，発表し合う。 　・朝，「おはよう」ってあいさつします。 　・人に会ったら，「こんにちは」と言います。 2　資料「たびに　でて」を読んで話し合う。 (1)　あいさつ島を出て行こうと決めたけいたは，どんなことを思っているか。 　・いちいちあいさつするのが面倒だ。 　・あいさつなんて，嫌だ。したくない。 　・どうしてみんなあいさつをするのか，わからない。 (2)　その夜，けいたは，木の上でどんなことを考えているか。 　・あいさつがないと，なんか悲しいな。 　・あいさつのない島に，あいさつを広めよう。 (3)　元気なあいさつがあふれ出し，けいたもあいさつを返しているとき，どんな気持ちか。 　・元気のよいあいさつをすると気持ちがいいな。 　・あいさつをされた方もうれしい気持ちになるな。 3　あいさつをした経験とそのときの気持ちを話し合う。 　○みなさんは，だれに気持ちのよいあいさつができていますか。そのとき，どんな気持ちでしたか。 4　教師の説話を聞く。	・児童が知っているあいさつを発表し合い，本時の価値にかかわる方向付けをする。 ・主人公はけいたであることを明示し，けいたの気持ちを考えていくように助言する。 ・ペープサートを用いて，資料を提示する。 ・面倒であいさつをしたくないというけいたに共感できるようにする。 ・あいさつがなかったり，そっけない対応で悲しい思いをしているけいたに共感できるように，「水飲み場について聞いたけれど，黙って行ってしまうし，やっと聞けても，指を指してあっちとだけ言っていたね。けいたは，どんな顔をしているの」と問いかける。その後(2)につなげる。 ・役割演技を位置付け，ペアであいさつをする。その際，あいさつが返ってきたときの気持ちを問いかけて，あいさつをした方もされた方も気持ちがよくなることに気付かせる。 ・身近な人の中にもあいさつできている人とできていない人がいることにも気付かせたい。

●第1学年●

「たびに　でて」の発問構成　2
あいさつについての多様な感じ方や考え方に出会わせる発問構成

2-(1)礼儀

1　発問構成のポイント

　あいさつや言葉遣い，動作などの礼儀作法などは，よりよい人間関係を築いていくために不可欠である。本時は，あいさつがよりよい関係を築くために必要であることを気付かせる発問で構成する。けいたが水飲み場を聞いて，「あっち」とだけ言われた場面を中心に扱う。元気よくあいさつしても，小さな声でしかあいさつが返ってこなかったときの気持ちを追求することで，あいさつがよりよい人間関係を築くために必要であることに気付かせていく。

2　展開例

- ねらい：あいさつをすることは，お互いに気持ちのよい生活を送るために欠かせないものであることに気付き，身近な人に明るく接しようとする心情を育てる。
- 学習指導過程

学習活動　主な発問と児童の反応	指導上の留意点
1　いつ，どんなあいさつをするか，発表し合う。 ・朝，「おはよう」ってあいさつします。 ・人に会ったら，「こんにちは」と言います。 2　資料「たびに　でて」を読んで話し合う。 (1)　あいさつ島を出て行こうと決めたけいたは，どんなことを思っているだろう。 ・あいさつなんて，面倒で嫌だ。したくない。 ・どうしてみんなあいさつをするのか，わからない。 (2)　水飲み場が知りたくて話しかけたとき，「あっち」とだけ言われたけいたはどんな気持ちだったか。 ・なんで，みんな黙って行ってしまうの。悲しい。 ・もう少していねいに教えてほしい。 ・あいさつがあった方がいい。 (3)　小さな声で返事が返ってきたとき，けいたはどんな気持ちだったか。 ・やっぱり，あいさつをしてもだめかな。 ・あきらめないで，あいさつをするぞ。 3　あいさつをした経験とそのときの気持ちを話し合う。 ○みなさんは，気持ちのよいあいさつができていますか。そのとき，どんな気持ちでしたか。 4　教師の説話を聞く。	・児童が知っているあいさつを発表し合い，本時の価値にかかわる方向付けをする。 ・主人公がさるのけいたであることを明示し，けいたの気持ちを考えていくように助言する。 ・ペープサートを用いて，資料を提示する。 ・面倒であいさつをしたくないというけいたの気持ちに共感できるようにする。 ・あいさつがあることのよさや，ていねいに対応することの大切さに気付かせるために，「さっきも言っていたように，けいたはあいさつがない方がよかったんじゃないの」と問いかける。 ・あいさつをよくしようと努力してよかったと思っているけいたの気持ちに気付かせるため，「最初は，小さな声だったけれど，少しずつあいさつができるようになって，けいたは，どんな気持ちになったかな」と問いかける。 ・導入で聞いた内容とかかわらせながら，発言できるようにする。また，身近な人の中にもあいさつができている人とできていない人がいることにも気付かせたい。

●第2学年●

「おじいさん　こんにちは」の発問構成　1
あいさつをすることのよさに気付くための発問構成

1　発問構成のポイント

　元気よくあいさつができて，おじいさんにほめてもらったことで，ふみおがお使いが楽しくなったことを考えさせる。ここで，主人公のふみおではなく，おじいさんの気持ちを問いかけることで，おじいさんがうれしくなっていることにも気付かせていく。母からおじいさんが喜んでいたことを聞くという場面では，なにげなくしていたあいさつには，自分や相手をうれしい気持ちにさせる力があることに気付かせていく。

2　展開例

- ねらい：あいさつをすると自分も相手も気持ちがよくなることに気付き，身近な人に明るく接しようとする心情を育てる。
- 学習指導過程

学習活動　主な発問と児童の反応	指導上の留意点
1　いつ，だれに，どんなあいさつをするか発表し合う。 ・朝，「おはよう」ってあいさつします。 ・近所の人に会ったら，「こんにちは」と言います。 2　資料「おじいさん　こんにちは」を読んで話し合う。 (1)　ふみおは，どんな気持ちでおじいさんにあいさつをしたのか。 ・あいさつをすると元気になるな。 ・知っているおじいさんだから，あいさつしよう。 ・田んぼで働いているから，たいへんそうだな。 (2)　学校から帰ってきたとき，おかあさんの話を聞いて，ふみおはどんなことを思ったか。 ・たった一言のあいさつでもうれしい気持ちになる。 ・あいさつをするとみんな喜んでくれる。 (3)　夕食のとき，おねえさんの話やおかあさんの話を聞いて，ふみおはどんなことが大切だと思ったか。 ・知っている人には，元気よくあいさつしよう。 ・だれにでも，恥ずかしがらずに，あいさつしよう。 3　あいさつをしているときの気持ちを話し合う。 ○みなさんは，今までどんな気持ちであいさつをしていましたか。 4　教師の説話を聞く。	・児童が普段しているあいさつを発表し合い，本時の価値にかかわる方向付けをする。 ・主人公はふみおであることを明示し，ふみおの気持ちを考えていくように助言する。 ・ペープサートを用いて，資料を提示する。 ・あいさつをしたふみおの気持ちを追求した後，「ふみおからあいさつをされたおじいさんは，どんな気持ちになったでしょう」と問いかけて，あいさつをされたそばのおじいさんもうれしい気持ちになっていることに考えさせる。 ・「あいさつには，どんな力があるの」と問いかけて，お互いにうれしくなる，元気になるなど，あいさつをすることのよさを考えさせる。 ・「夕食のとき…」と発問することで，前の発問と導入で聞いた内容とかかわらせながら，発言できるようにする。 ・導入で聞いたあいさつと関連づけて，発問する。

●第2学年●

「おじいさん　こんにちは」の発問構成　2
あいさつについての多様な感じ方や考え方に出会わせる発問構成

2―(1) 礼儀

1　発問構成のポイント

　おじいさんに笑顔で声をかけられたときのふみおの気持ちを追求していく。その際に，補助発問として「ほめられたからうれしいのかな。」と問うことで，あいさつを返してくれたことに対する喜びにも気付かせていく。二つ目の発問では，おねえさんの話を聞いたときの気持ちを追求することで，だれにでも恥ずかしくてあいさつができないときがあることにも気付かせていく。

2　展開例

- ねらい：あいさつをする喜びに気付き，恥ずかしがらずに身近な人に明るく接しようとする心情を育てる。
- 学習指導過程

学習活動　主な発問と児童の反応	指導上の留意点
1　いつ，だれに，どんなあいさつをするか発表し合う。 　・朝，「おはよう」ってあいさつします。 　・近所の人に会ったら，「こんにちは」と言います。 2　資料「おじいさん　こんにちは」を読んで話し合う。 (1) おじいさんに笑顔で声をかけられたとき，ふみおはどんな気持ちになったか。 　・おじいさんもあいさつを返してくれてうれしいな。 　・おじいさんにほめられて，うれしいな。 (2) おねえさんの話を聞いて，ふみおはどんな気持ちになったか。 　・なんで恥ずかしいのかな。 　・おねえさんもあいさつできるといいな。 (3) 夕食のとき，おかあさんの話を聞いて，ふみおはどんなことを思ったか。 　・知っている人に元気よくあいさつしよう。 　・もっとあいさつしよう。 3　あいさつをしているときの気持ちを話し合う。 　○みなさんは，今までだれにどんな気持ちであいさつをしていましたか。 4　教師の説話を聞く。	・児童が普段しているあいさつを発表し合い，本時の価値にかかわる方向付けをする。 ・主人公がふみおであることを明示し，ふみおの気持ちを考えていくように助言する。 ・ペープサートを用いて，資料を提示する。 ・「ふみおは，おじいさんにほめられたから，うれしいのかな」と問いかけて，おじいさんが笑顔であいさつを返してくれたことにも気付くことができるようにする。 ・知らない人だと恥ずかしいなど，あいさつをする相手によって，できる人とできない人がいることに気付かせる。 ・児童がふみお役，教師が母親役で役割演技を位置付け，会話をしながら，ふみおの気持ちを引き出していく。 ・「あいさつができなかったことはあるかな。」と問いかけて，身近な人のなかにもあいさつができる人とできない人がいることにも気付かせる。

(大羽　淳也)

8　2　主として他の人とのかかわりに関すること

(2)　幼い人や高齢者など身近にいる人に温かい心で接し，親切にする。

「はしの　上のおおかみ」／「ぐみの木と　小鳥」

1　親切に関する内容

　親切とは，自分の利害を超えて，相手の身になって考え，助け合い，喜び合うことである。
　コミュニケーション力の低下によるいじめや社会不適応など様々な問題が起きている。そんななかで，まわりの人と温かく豊かな人間関係をつくっていく力は，児童にとって非常に大切な力といえる。幼い頃から人を大切にし，温かく接していく習慣をつけることが，一人ひとりの児童に人とかかわる力を育み，ひいては温かい社会の形成につながっていく。身近な人に親切にすることは小学校低学年から特に大切にしたい資質である。
　親切な行為には，他人の苦しみや悲しみをその人の身になってどれだけ思いやれるかという同情心も深くかかわってくる。多くの人々とかかわり合って，自分自身もまたよりよく生きていこうとするなかでこれらの心情や行為は必要不可欠なものになってくる。親切にした方もされた方も互いに温かい気持ちになり，人間関係をなごやかなものにしていけることの大切さに気付かせる必要がある。

2　低学年の親切にかかわる指導

　日頃の生活のなかで，人とかかわる力の基本となるものが人を思いやる気持ちや行動である。低学年においては，まだ自己中心的な考えで行動し，周囲のことまで気にかけることがなかなかできないこともあるだろう。また，低学年の児童であっても，自分よりも幼い子に優しくする経験をしてきていることも多い。そのような経験を想起させながら，どんな相手に対しても，思いやりをもって親切にする・される喜びをじゅうぶんに感じ取らせることが大切である。
　2－(2)に関する指導としては，生活科における「これからの成長への願いをもって，意欲的に生活することができるようにすること」において，幼い子に優しくできた自分らの成長を振り返ることなどがあげられる。また，日頃の子どもたちの身近にあった親切を，教室に「思いやりの木」などとして掲示し，紹介する取組は，親切に接することの大切さについて日常的に指導する機会となる。

2－(2)：他の関連資料

- 「ありと　はと」　文部省『小学校　道徳の指導資料　第3集』（1年）
- 「えんそく」　文部省『小学校　道徳の指導資料とその利用　2』

事例編　2　主として他の人とのかかわりに関すること

第1学年	「はしの　上のおおかみ」
	出典：文部省『小学校　道徳の指導資料　第1集』（1年）

1．資料の概要

　山の中に一人しか渡れない一本橋があった。おおかみは橋の上で，自分より小さな動物を通せんぼし，いい気分になる。そんなとき，向こうから大きなくまがやってきた。おおかみはあわてて道をあけようとするが，くまはおおかみを優しく抱き上げ，通してあげる。くまの行為に心を打たれたおおかみは，次の日，再び橋の上でうさぎに出会う。うさぎはあわてて引き返そうとするがそれを引きとめ，抱き上げて後ろへそっとおろしてあげる。すると，意地悪をしていたときよりもずっといい気持ちになることを知り，それからは優しいおおかみとなった。

2．資料の特質

　自分より小さな動物に対して意地悪するおおかみや，そんなおおかみに優しくするくまの姿は児童の普段の生活に近く，共感しやすい資料である。おおかみの心情を話し合うなかで，親切な行動のよさを感じ取れるようになっている。また，登場する小さな動物たちを通して自分よりも幼い子という視点も大切にしたい。年下の子に対して，意地悪をするのではなく，思いやりをもって親切にしたいと児童が思えるような話合いを設定できる資料である。

2-(2) 親切

第2学年	「ぐみの木と　小鳥」
	出典：文部省『小学校　道徳の指導資料とその利用　5』

1．資料の概要

　ある日，ぐみの木にお腹をすかせた小鳥がやってきた。小鳥はぐみの木にぐみの実をもらう。そこで小鳥はぐみの木から「このごろ　少しも　すがたを　見せないのです。」という話を聞く。小鳥は，ぐみの実をくわえてりすの様子を見に行くことにした。小鳥は，りすが病気で来られなかったことを知り，次の日もぐみの実を届けた。りすは目に涙をいっぱいためて身体の具合がよくなってきたことを伝える。その様子を見て小鳥は次の日も届ける約束をする。しかし，翌日は嵐が来ていた。ぐみの木は届けに行くのは嵐がやんでからにした方がいいと止めたが，嵐はやみそうにない。小鳥は少し考えた後に嵐の中，りすのところへぐみの実を届けに行く。

2．資料の特質

　ぐみの木と小鳥とりすのやりとりから，困っている人や助けが必要な人に対して，相手の立場に立ち，思いやりをもって励ましや援助を行う大切さを考えることができる資料である。小鳥は，自身の友のためではなく，ぐみの木の友達で病気のりすのために，嵐の中であってもぐみの実を届けようとする。小鳥の行動を通して，自分とのかかわりが少ない人であっても，困っている人や弱い立場の人がいたら思いやりをもって温かい心で接し，親切にすることの大切さに気付かせることができる。

●第1学年●

「はしの　上のおおかみ」の発問構成　1
だれに対しても親切にすることの大切さを考えさせる発問構成

1　発問構成のポイント

　本時では，意地悪な気持ちと対比させながら，どんな相手にも親切にすることのよさを感じ取れるようにする。自分自身が親切にされてうれしかったことを思い返し，相手の気持ちを考えて自分が親切にすることも気持ちがよいということに気付けるような学習を展開する。そこで本時では，うさぎを抱き上げて渡してやることで，優しくすることに喜びを見いだせた場面を中心とし，親切にすることは自分自身の喜びになることに気付かせる。

2　展開例

・ねらい：だれに対しても温かい心で接し，親切にしようとする心情を育てる。
・学習指導過程

学習活動　主な発問と児童の反応	指導上の留意点
1　親切にされてうれしかったことを発表する。 　〇今まで，親切にされてうれしかったことはあるか。 2　資料「はしの　上のおおかみ」を読んで話し合う。	・親切のよさを想起させることでねらいとする価値への方向付けを行う。 ・紙芝居で資料提示を行い，登場人物に親近感をもたせる。
(1)　小さい動物たちを通せんぼするおおかみはどんな気持ちだったか。 　・意地悪するのは楽しいな。 　・ぼくは強いんだぞ。	・自分よりも弱い小動物たちに意地悪をして喜んでいるおおかみの気持ちを考えさせる。
(2)　大きなくまに出会って自分から戻ろうとしたおおかみはどんな気持ちだったか。 　・大きなくまには意地悪できないな。 　・くまも自分と同じように通せんぼするかもしれない。	・自分よりも大きなくまに対しては意地悪をしなかったおおかみのずるさや弱さを考えさせる。
(3)　くまに抱き上げられ，後ろに下ろしてもらったとき，おおかみはどんな気持ちだったか。 　・びっくりした。そうされるとは思わなかった。 　・優しくされるとうれしいんだな。	・教師がくまの役になり役割演技を行う。くまに優しくされたことで，親切にすることの大切さに気付いたおおかみの気持ちを考えさせる。
(4)　うさぎを抱き上げて，渡したとき，おおかみはどんな気持ちだったか。 　・優しくする方が気持ちがいいな。 　・これからはみんなに親切にしよう。	・親切にするよさを実感できたおおかみの気持ちを考えさせる。 ・補助発問で，うさぎはおおかみに親切にされてどんな気持ちになったか考えさせる。
3　親切にしたことを発表する。 　〇今まで身近な人に親切にできたことはあるか。そのとき，どんな気持ちになったか。 4　教師の体験談を聞く。	・導入で発表された「親切にされてうれしかったこと」をもう一度確認し，自分が親切にできたことを想起させる。

●第1学年●

「はしの　上のおおかみ」の発問構成　2
親切にすることに対する多様な感じ方，考え方に出会わせる発問構成

1　発問構成のポイント

相手を思いやり，親切にしようとする言動はとてもよいことだが，そのよさに気付くまでは相手の思いよりも自分の思いを優先的にしてしまいそうになることもあるだろう。そこには人間的な弱さがあり，その弱さにも焦点をあてながら様々な思いを多面的に考え合うことで価値理解とともに人間理解も深めさせる。そこで本時では，おおかみがくまに抱き上げてもらい，くまの後ろ姿を見送る場面を中心として発問を構成し，親切に対する多様な感じ方を話し合うようにする。

2　展開例

- ねらい：だれに対しても温かい心で接し，親切にしようとする態度を育てる。
- 学習指導過程

学習活動　主な発問と児童の反応	指導上の留意点
1　優しい人について考える。 ○優しい人とはどんな人のことだと思うか。 2　資料「はしの　上のおおかみ」を読んで話し合う。 (1)　小さい動物たちを通せんぼするおおかみはどんな気持ちだったか。 ・意地悪するのは楽しいな。 ・ぼくは強いんだぞ。 (2)　くまの後ろ姿をいつまでも見ていたおおかみはどんなことを考えたか。 ・なんて優しいのだろう。 ・ぼくもくまみたいにみんなに優しくしたい。 ・うさぎたちにあやまりたい。 ・優しくされるとこんなにうれしいんだ。 (3)　うさぎを抱き上げて渡したとき，おおかみはどんな気持ちだったか。 ・優しくする方が気持ちがいいな。 ・これからはみんなに親切にしよう。 3　親切にしたことを発表する。 ○今まで身近な人に親切にできたことはあるか。そのとき，どんな気持ちになったか。 4　教師の体験談を聞く。	・優しい人に対するイメージを問うことでねらいとする価値への方向付けをする。 ・ペープサートによる資料提示をし，物語の雰囲気にひたらせる。 ・自分よりも弱い動物たちに意地悪をして喜んでいるおおかみの気持ちを考えさせる。 ・おおかみがくまに出会った場面から教師がくまの役になり役割演技を行う。優しくされて心を入れかえたおおかみの気持ちを考えさせる。 ・親切にするよさを実感できたおおかみの気持ちを考えさせる。 ・導入で発表された優しい人についてのイメージをもう一度確認し，自分が親切にできたことを想起させる。

●第2学年●

「ぐみの木と　小鳥」の発問構成　1
親切にすることの喜びを味わわせる発問構成

1　発問構成のポイント

　親切にするということはよいことだが，人のために行うことという認識の児童も少なくない。そこで，本時では自分自身が相手のことを思いやって親切にすることは，相手のためだけでなく，自分自身の喜びにもなることを考えられるようにする。また，一人よがりの親切ではなく，相手のことを思って，力になりたいと思っている優しい気持ちに気付かせたい。そのため，小鳥が嵐の中，りすのためにぐみの実を運び，感謝された場面を中心として授業を展開する。

2　展開例

- ねらい：困っている人や弱い立場の人などを思いやり，温かい心で接し，進んで親切にしようとする心情を養う。
- 学習指導過程

学習活動　主な発問と児童の反応	指導上の留意点
1　親切について考える。 　○親切にされたことはあるか。そのとき，どんな気持ちになったか。 2　資料「ぐみの木と　小鳥」を読んで話し合う。 (1)　病気で寝ているりすを見て小鳥はどんな気持ちだったか。 　・りすさんかわいそうだな。 　・りすさんの力になりたいな。 (2)　小鳥は，嵐の中を飛び立ったとき，どんな気持ちだったか。 　・りすさんは病気で苦しんでいる。力になりたい。 　・りすさんに早く元気になってもらいたい。 (3)　りすに「小鳥さん，ありがとう」と言われた小鳥はどんな気持ちだったか。 　・りすさんの力になれてよかった。 　・りすさんが元気になったみたいでうれしい。 　・ぐみの木さんも喜んでくれるだろうな。 3　親切にしたことを発表する。 　○今まで身近な人に親切にできたことはあるか。そのとき，どんな気持ちだったか。 4　教師の体験談を聞く。	・親切にされた体験を想起することでねらいとする道徳的価値への方向付けをする。 ・ペープサートによる資料提示をし，物語の雰囲気に浸らせる。 ・りすの状況を思いやり，力になりたいと思っている小鳥の気持ちを想像させる。 ・りすが涙を目にいっぱいためて感謝しているところを確認する。 ・嵐の中でも，りすのために飛び立とうとした小鳥の気持ちを想像させる。 ・りすに感謝され，親切にしたことが自分の喜びになった気持ちを想像させる。 ・感謝されてうれしかった，人の役に立ててうれしかったなど，自分の喜びにもなった体験を振り返らせる。 ・役に立ってうれしかった体験などを話す。

●第2学年●

「ぐみの木と 小鳥」の発問構成 2
親切に対する多様な感じ方，考え方に出会わせる発問構成

1　発問構成のポイント

　相手のことを思いやり，親切にしたい気持ちはあっても，自分の都合で見て見ぬふりをしてしまいそうになることもあるだろう。そのような心に出会わせながら，道徳教育の深化を図る。親切にすることのよさとその難しさを考えさせる活動を通して価値理解とともに人間理解も重視して発問を構成する。そこで，小鳥が嵐の中，りすを思って飛び立とうとする気持ちと，嵐がこわい，行きたくないという気持ちが交錯するところを中心とする。

2　展開例
- ねらい：困っている人などに温かい心で接し，親切にしようとする態度を育てる。
- 学習指導過程

学習活動　主な発問と児童の反応	指導上の留意点
1　親切にできてうれしかったことを発表する。 　○困っている人のために親切にできたことはあるか。そのときどんな気持ちだったか。 2　資料「ぐみの木と　小鳥」を読んで話し合う。 (1)「このごろ　少しも　すがたを　見せないのです。」という話を聞いた小鳥はどんな気持ちだったか。 　・ぐみの木さんを安心させたい。 　・話を聞いたら自分もりすさんが心配だな。 (2)　小鳥は，だいぶよくなったりすを見て，どんな気持ちだったか。 　・役に立ててうれしい。　・また明日も行きたい。 (3)　小鳥はやみそうにない嵐の音を聞きながら，どんなことを考えていたか。 　・嵐の中を飛んで行くのは危険だ。今日はやめよう。 　・りすさんは今日も待っているかもしれない。 (4)　嵐の中を飛ぶ小鳥はどんな気持ちだったか。 　・りすさんのためにも，ぐみの木さんのためにもなんとしてもこの実を届けたい。 3　親切にできたことについて発表し合う。 　○今まで困っている人のために親切にできたことはあるか。また，できなかったことはあるか。 4　教師の体験談を聞く。	・親切にしたときのことを想起させることでねらいとする価値への方向付けを行う。 ・ペープサートで資料提示を行い，登場人物に親近感をもたせる。できれば，嵐の音の効果音をBGMに流すと，場面の理解をより期待できる。 ・「小鳥の友達」ではなく「ぐみの木の友達のりす」という状況での思いを想像させる。 ・りすさんやぐみの木のために行きたいという気持ちと，嵐に心が折れそうになっている気持ちなど，様々な思いに出会わせる。 ・親切にできたことだけでなく，できなかったことについても振り返らせる。

（井手上　鮎）

9 　2　主として他の人とのかかわりに関すること

(2) 幼い人や高齢者など身近にいる人に温かい心で接し，親切にする。

「たんぽぽ」／「ぼくは　二年生」

1　親切に関する内容

　人間は支え合って生活している。多くの人々とかかわり，よりよく生きていくには，思いやりの気持ちをもって相手に接することが必要である。思いやりとは，自分の利害を乗り越えて，相手の立場になって考えることである。そしてそれは，相手を温かく見守り，励まし合いや助け合いなどの親切な行為として表れることが期待される。

　親切はよりよい人間関係を築いていくための基盤となる。思いやりの気持ちをもって接すると相手が温かな気持ちになるだけでなく，自分の気持ちもより優しく心地よいものとなる。よりよい人間関係を築くために，親切にした方も，された方も，互いに温かい気持ちになることに気付かせていきたい。

2　低学年の親切にかかわる指導

　低学年の段階においては，親切にする，される経験を通して，互いに温かい気持ちになり，よりよい関係を築くことができるだろう。身近にいる幼い人や高齢者等に目を向け，温かい心で接し，親切にすることの心地よさを感じられるようにすることが大切である。とくに，人とのかかわり合いの機会を多くし，そのなかで相手のことを考え，優しく接し，具体的に親切な行為ができるようにすることが求められる。

　２−(2)にかかわる指導としては，生活科における「学校探検をしながら，そこにいる人や行われていることなどに関心をもって調べようとする」ことで２年生が１年生へ学校のなかを案内する活動を行ったり，「園児との交流会を通し，幼い子へやさしく接する」ことで１年生と園児がふれ合ったりする活動などがあげられる。

　また，特別活動における縦割り班活動で異学年と交流をすることを通して，上級生から親切にされた喜びを味わうことができ，自分も親切な行為をしようとする意欲を高める機会になるだろう。

２−(2)：他の関連資料

- 「どうぶつのえんそく」　文部省『小学校　道徳の指導資料　第３集』（１年）
- 「花のかんむり」　文部省『小学校　読み物資料とその利用「主として他の人とのかかわりに関すること」』

事例編　2　主として他の人とのかかわりに関すること

第1学年	「たんぽぽ」

出典：教育出版『こころつないで』（1年）

1．資料の概要

> 主人公のようこは道端でたんぽぽの花を見つけた。妹のゆきのために春を持って行ってあげようとそっと一本摘んで帰った。ところが，花瓶に水を入れようとしたとき，手をすべらせて花瓶を割ってしまった。おかあさんがゆきを抱いたままとんでくると，ようこは泣きそうな顔でじっとたんぽぽの花を見つめていた。すると，おかあさんが「ゆきちゃん，たんぽぽさんですよ。おねえちゃんが，はるを　もってきてくれましたよ。」と言ってくれたのだった。

2．資料の特質

妹へ春を届けたいと思う姉の気持ちを通して，幼い人への親切について考えることのできる資料である。主人公がたんぽぽを見つけて，妹に春を届けて喜ばせたい気持ちや，花瓶を落としてしまったときの気持ちを考えられるように構成されている。幼い子へ親切にしたい気持ちや，親切にしようとするが，思いがけず失敗してしまった気持ちを自分とのかかわりで考えることができる。また，最後に母親から励ましの言葉をかけられた場面では，自分の親切が認められたときの気持ちを考え，親切にすることのよさを感じることができる。

2-(2) 親切

第2学年	「ぼくは　二年生」

出典：文部省『小学校　道徳の指導資料とその利用　2』

1．資料の概要

> 主人公のよし男は，キャッチボールの練習をするために，急いで学校に向かっていた。ちょうどそのときに，道の端で泣いているみつ子を見つける。よし男は声をかけるかどうするか迷ったが，練習時間がなくなるし，みつ子が自分に気付いていない様子なので，黙って走り抜けた。しかし，くるりと向きを変えてみつ子に話しかけた。秋田犬がこわくて学校へ行くことができないみつ子の手をとり，一緒に登校した。学校に着くと，すでに時間はなくキャッチボールはできなかった。よし男は，みつ子が犬をこわがらなくなるまで上級生として何とかしなければいけないと思いながらも，どうしたらいいか迷っていた。そのとき，みつ子はうれしそうによし男に「おにいちゃん，どうもありがとう」とお礼を言った。

2．資料の特質

本資料は登場人物が低学年の児童なので，児童は，自分とのかかわりで考えやすい資料である。人は思いやりの気持ちをもっていても「だれかがやってくれるだろう。自分には予定があるのだ」という自分本位の思いから，なかなか親切な行為に結びつけることができない。このような人間理解を中心に話が展開している。相手からうれしそうにお礼を言われたときの気持ちを考えることを通して価値理解を深めることができる。

●第1学年●

「たんぽぽ」の発問構成　1
身近にいる人に温かい心で接し，親切にすることの喜びを味わわせる発問構成

1　発問構成のポイント

　本時では，親切にしようとする気持ちや，それが認められ，励ましの言葉をかけられたときの気持ちを自分とのかかわりで考えさせるような学習展開にする。母親から励ましの言葉をかけられた場面の主人公の気持ちを考えさせ，中心発問では，親切な行為のよさを考えさせるために，妹にたんぽぽを渡す場面を予想して設定する。思いがけず失敗してしまったが，他者から励まされ，親切にできたときのすがすがしさを自分とのかかわりで考えさせ，ねらいとする道徳的価値の自覚を深める。

2　展開例

- ねらい：身近にいる人に温かい心で接することの喜びを感じて，親切にしようとする心情を育てる。
- 学習指導過程

学習活動　主な発問と児童の反応	指導上の留意点
1　親切にされた経験を発表し合う。 　○これまでにおにいさんやおねえさんなどに親切にされたことはありますか。 2　資料「たんぽぽ」を読んで話し合う。 (1)　たんぽぽの花を見つけたようこさんは，どんな気持ちだったか。 　・きれいだな。もう春だな。 　・ゆきちゃんに持って帰って喜ばせたいな。 　・ゆきちゃんにあげたら喜んでくれるかな。 (2)　おかあさんの言葉を聞いて，ようこさんはどんな気持ちだったか。 　・落としちゃったけど，摘んできてよかった。 　・早くゆきちゃんに渡したいな。 (3)　ゆきちゃんにたんぽぽを渡したようこさんは，どんな気持ちだったか。 　・ゆきちゃんが喜んでうれしいな。 　・ゆきちゃんに渡せてよかったな。 　・また，ゆきちゃんを喜ばせたいな。 3　親切について，これまでの自分を振り返る。 　○身近な人に，親切にできたことはあるか。 4　教師の体験談を聞く。	・親切のよさを思い出させることで，ねらいとする道徳的価値への方向付けをする。 ・場面を想像させるために，たんぽぽの写真を掲示する。 ・ようこの気持ちを想像することで，だれかを喜ばせたい思いを，自分とのかかわりで考えさせる。 ・自分の親切が認められ，励まされたときの気持ちを自分とのかかわりで考えさせる。 ・相手に親切にできたときの気持ちや喜んでもらえたときの気持ちを想像させるために，ゆきちゃんの写真を掲示し，児童がたんぽぽの花を渡す活動を取り入れる。教師は，母親の役となり，親切な行為を認め，励ます言葉をかける。 ・小さい子への親切が基本となるが，友達や家族にまで広げてもよい。 ・親切のよさを感じ取らせるために，行為だけでなくそのときの気持ちを聞く。

●第１学年●

「たんぽぽ」の発問構成　２
身近にいる人に温かい心で接し，親切に対する多様な感じ方・考え方に出会わせる発問構成

１　発問構成のポイント

　相手に対する思いやりをもち，親切にしようとする気持ちはあるが，１年生の段階では思いがけず失敗してしまい，うまくできず残念な思いをすることもあるだろう。そこで，相手のために何かしようとする優しい気持ちとともに，失敗してしまい残念に思う気持ちやくじけそうになる後ろ向きの気持ちについても考えさせる。妹にたんぽぽを届けようとするようこさんの姿から，親切に対する多様な考え方，感じ方に出会わせ，他者理解を深めるようにしたい。

２　展開例

- ねらい：身近な人に温かい心で接することの喜びを知り，親切にしようとする態度を育てる。
- 学習指導過程

学習活動　主な発問と児童の反応	指導上の留意点
１　親切にされた経験を発表し合う。 　○今までに親切にされてうれしかったことはありますか。	・親切のよさを思い出させることで，ねらいとする道徳的価値への方向付けをする。
２　資料「たんぽぽ」を読んで話し合う。 (1)　たんぽぽの花を見つけたようこさんは，どんな気持ちだったか。 　・きれいだな。もう春だな。 　・ゆきちゃんに持って帰って喜ばせたいな。 　・ゆきちゃんにあげたら喜んでくれるかな。	・ようこさんの気持ちを想像することで，だれかを喜ばせたい思いを，自分とのかかわりで考えさせる。
(2)　泣きそうな顔でじっとたんぽぽの花を見つめていたようこさんは，どんなことを考えたのか。 　・せっかく摘んだのに，ゆきちゃんにあげられない。 　・こんなことなら，摘まなきゃよかった。 　・おかあさんに，怒られちゃう。 　・どうしよう。困ったなあ。	・親切にしようとしたが，思いがけず失敗してしまったときの気持ちを，ようこさんを通して考えさせる。 ・失敗してしまい，残念に思う気持ちやくじけそうになる気持ちなど多様な価値観にふれさせ，人間理解を図る。
(3)　おかあさんの言葉を聞いたとき，ようこさんはどんな気持ちになったか。 　・また，たんぽぽを摘んでこよう。 　・よかった。ゆきちゃんに，たんぽぽをあげよう。	・自分の行為が認められ，励まされたときの気持ちを自分とのかかわりで考えさせる。 ・親切にしたときの温かい気持ちや，認められ励まされたときのうれしい気持ちを感じられるようにする。
３　親切について，これまでの自分を振り返る。 　○身近な人に，親切にできたことはあるか。また親切にできなかったことはあるか。	・小さい子への親切が基本となるが，友達や家族にまで広げてもよい。また，親切にすることができなかったことにもふれる。
４　教師の体験談を聞く。	・自分自身を振り返られるようにするために，そのときの気持ちを問う。

●第２学年●

「ぼくは　二年生」の発問構成　１
身近にいる人に思いやりの心をもち，親切にすることのよさを深める発問構成

1　発問構成のポイント

相手のことを思い親切にすることは，相手だけでなく自分も温かい気持ちになるだろう。本時は，自分の利益を優先させようと葛藤するが，相手の立場となって親切にする主人公に共感することで，相手に感謝される喜びを感じ取れる発問を構成した。ねらいとする価値にせまるために，互いに温かい気持ちになれる，みつ子からありがとう，と言われた場面を中心発問とした。

2　展開例

- ねらい：困っている友達や幼い人に対して思いやりの心をもち，親切にしようとする心情を育てる。
- 学習指導過程

学習活動　主な発問と児童の反応	指導上の留意点
1　親切にされた経験を発表し合う。 ○今までに親切にされたことはありますか。 2　資料「ぼくは　二年生」を読んで話し合う。 (1)　泣いているみつ子ちゃんを見たよし男君は，どんなことを思ったか。 ・みつ子ちゃんどうしたのかな。心配だな。 ・時間がないから知らんぷりしようかな。 (2)　よし男君は，どんな思いからみつ子ちゃんに声をかけたのか。 ・泣いているし，放っておけない。 ・今ぼくが，みつ子ちゃんを助けなきゃ。 ・先に行ってしまおうとして，ごめんね。 (3)　みつ子ちゃんから，うれしそうにありがとうと言われたよし男君の気持ちは，どんなだったか。 ・みつ子ちゃんに喜んでもらって，よかった。 ・みつ子ちゃんが安心して学校に行けるまで，ぼくが一緒に行こう。 3　親切について，これまでの自分を振り返る。 ○身近な人に，親切にできたことはあるか。そのときどんな気持ちがしたか。 4　教師の体験談を聞く。	・親切のよさを思い出させることで，ねらいとする道徳的価値への方向付けをする。 ・心配するが人任せにしてしまう心は，だれもがもっているという人間理解を図る。 ・みつ子は１年生で知っている子だが，学校に一緒に行ったことはないことをおさえる。 ・よし男に共感させ，困っている人を放っておけない気持ちを自分とのかかわりで考えさせる。 ・親切にした方もされた方も，互いに温かい気持ちになり，人間関係をよりよくしようとする価値理解を深める。 ・小さい子への親切が基本となるが，友達や家族にまで広げてもよい。 ・親切のよさを感じ取らせるために，行為だけでなくそのときの気持ちを聞く。

●第2学年●

「ぼくは　二年生」の発問構成　2
身近にいる人に思いやりの心をもち，親切にすることへの多様な感じ方，考え方に出会わせる発問構成

1　発問構成のポイント

　困っている友達や幼い子に対して思いやりの気持ちをもち，親切にすることは大切なことである。しかし，自分の都合を優先させ，親切にできない場面もあるだろう。そのような人間の心の弱さを理解しつつ，親切な行為が互いを温かい気持ちにさせ，人間関係をよりよくすることに気付かせたい。そこで，みつ子を心配しつつも，よし男が自分の都合を優先させて通り過ぎる場面を中心発問とし，児童の多様な感じ方，考え方を引き出し人間理解を図りたい。

2　展開例

・ねらい：困っている友達や幼い人に思いやりの心をもち，親切にしようとする態度を育てる。
・学習指導過程

学習活動　主な発問と児童の反応	指導上の留意点
1　親切にしようとしたが，できなかった経験を想起して発表し合う。 ○今までに親切にできなかったことはあるか。	・親切にしようとしても行動にすることができなかった経験をもとに，ねらいとする道徳的価値への方向付けをする。
2　資料「ぼくは　二年生」を読んで話し合う。 (1) 泣いているみつ子ちゃんを見たよし男君は，どんなことを思ったか。 ・みつ子ちゃんどうしたのかな。心配だな。 ・時間がないから知らんぷりしようかな。	・みつ子は1年生で知っている子だが，学校に一緒に行ったことはないことをおさえる。 ・心配するが人任せにしてしまう心は，だれもがもっているという人間理解を図る。
(2) みつ子ちゃんのそばを走り抜け，学校へ向かって走るよし男君の心のなかはどんなだったろう。 ・ぼくだってキャッチボールの練習がしたい。 ・だれかが助けてくれるよ。ぼくでなくても大丈夫。 ・心配だな。一人で学校に行けるかな。 ・1年生が困っているのだ。このままではだめだ。	・自分の遊びを優先したい気持ちや困っているみつ子に声をかけるべきだという気持ちなど，多様な感じ方，考え方に出会わせ，他者理解を図る。
(3) みつ子ちゃんから，うれしそうにありがとうと言われたよし男君の気持ちはどんなだったか。 ・ありがとうと言われてうれしいな。 ・これからも優しくしてあげたいな。 ・あの時戻ってよかった。	・迷いはしたが親切にでき，相手に感謝されるよし男の気持ちを想像させ，親切にすることの難しさやよさを自分とのかかわりのなかで考えさせる。 ・親切にすることができなかったことも振り返らせる。
3　親切についてこれまでの自分を振り返る。 ○身近な人へ親切にできたことはあるか。 4　教師の体験談を聞く。	・親切のよさを感じ取らせるために，行為だけでなくそのときの気持ちを聞く。

（小林　沙友里）

⑩ 2 主として他の人とのかかわりに関すること

(3) 友達と仲よくし，助け合う。
「二わの ことり」／「金いろのクレヨン」

1 友情に関する内容

　学校生活のなかで，友達は遊びや学習で互いにかかわり合う重要な存在である。昨今，社会全体のモラルが低下しているといわれるが，友達はかけがえのない存在であるということについては不易である。しかし，いじめ問題がマスコミに取り上げられることも多く，自分の利益のために友達を傷つけてしまうということも起こっているのが現状である。

　友情は互いにかかわり合ったり，情報をやり取りしたり，啓発し合ったりすることで高めることができる。友達とのよりよい人間関係をつくるには，友達の立場に立ち，互いを認め合って，信頼し合うことが大切である。そのためには，それぞれが自分とは異なるかけがえのない一人として存在し，かかわり合いを通じて互いのよさを認められるような関係が必要である。そこから，信頼感を樹立し，互いに励まし合ったり，ときには友達を思って弱さを指摘したりすることで，より一層深い友達関係が形成されていく。

2 低学年の友情にかかわる指導

　低学年の児童は，新しい小学校という環境のなかで，多くの友達をつくる時期である。児童は一緒に遊んだり，活動したりすることで初めての友達ともすぐに仲よくできるよさがある。その反面，幼児期の自己中心性がまだ残り，友達のことを考えた言動ができないことも少なくない。このような実態から，身近な友達と仲よく遊んだり，困っている友達を助けたり励ましたりして，友達と活動する楽しさを感じさせたり，友達と助け合うことのよさを感じられるようにすることが重要である。そのためにも，教師が様々な場面で友達と協力できる場面での指導を，道徳の時間に補充・深化・統合させるようにするとよい。

　2－(3)にかかわる指導としては，特別活動の学級活動(1)における「学級や学校の生活づくり」のなかの，話合いで折り合いをつける場面や，学級活動(2)での「望ましい人間関係の形成」での指導，当番や係活動で友達と協力したりする活動，各教科での小集団活動など，様々な場面があげられる。また，児童が友達とかかわる場は，学校内に限られず，家庭や地域にもあることをおさえたい。

2－(3)：他の関連資料

- 「二わのつる」 文部省『小学校　道徳の指導資料　第1集』（1年）
- 「知らないこ」 文部省『小学校　道徳の指導資料　第1集』（1年）

第1学年	「二わの ことり」
	出典：文部省『小学校　道徳の指導資料　第2集』（1年）

1．資料の概要

> みそさざいや森の小鳥たちは，みんな，やまがらの誕生日のお祝いに呼ばれていた。しかし，やまがらの家は遠くの暗くてさびしいところにあるため，小鳥たちはやまがらの家には行こうとしなかった。その日は，梅の木にある，明るい，うぐいすの家で音楽の練習があったため，みそさざいも迷ったが，誘われるがままにうぐいすの家に行ってしまう。
> うぐいすの家では，みんなが「こちらに　きて　よかったな。」と話すが，みそさざいはせっかくの誕生日にさびしく過ごしているであろうやまがらのことが気の毒になり，練習を抜け出してやまがらの家に行く。やまがらは，だれも来てくれないと思い，しょんぼり待っていたが，みそさざいが来てとても喜んだ。みそさざいとやまがらは心の底から誕生日のお祝いをした。

2．資料の特質

　二羽の小鳥の温かい友情を感じることができる資料である。みんなと一緒に歌の練習を続けるか，誕生日に友達が来るのを待っているやまがらのために行くかという，みそさざいの葛藤の場面を中心に考えることで，相手の立場に立ち，相手を思いやって行動することの大切さに気付くことができる。また，やまがらの喜ぶ姿を通して，友達のために何かをして相手が喜ぶことを想起させることもできる。

第2学年	「金いろのクレヨン」
	出典：文部省『小学校　道徳の指導資料　第1集』（2年）

1．資料の概要

> のぼるが工作したリスの写生をしていると，隣のとみ子が遊びに来る。とみ子がのぼるから作り方を教わったウサギの工作とクレヨンを持って来て，一緒に絵を描くことになる。のぼるは，とみ子の新しいクレヨンをうらやましく思っていると，とみ子に使いたい色があれば使ってよいと言われる。とみ子が用事で家に帰っている間に，のぼるはとみ子の金色のクレヨンを使うことにする。色が着きにくいので，少し力を入れて使うと折れてしまう。金色のクレヨンが折れたことを正直に言うかどうか，のぼるが迷っていると，とみ子が帰ってくる。しばらくして正直にのぼるが謝る。とみ子は，机の上にある，のぼるのリスの工作と，のぼるから作り方を教わったとみ子のウサギの工作が仲よく並んでいるのを見て，のぼるを許す。

2．資料の特質

　実際に児童の日常生活のなかで起こりそうなできごとを取り上げた資料である。二人は友達同士であり，黙っていようか，正直に言おうかという葛藤を通して，友達を裏切ってはいけないという，のぼるの正直な態度から友達を大切にしようとする心情を養うことができる。また，工作を教えてくれたのぼるの優しさを思い出し，わざとではないから許すというとみ子の様子から，助け合うことについて考えることもできる。指導にあたっては，うそをつかないというところに焦点をあてすぎると1－(4)の内容項目になってしまうので，注意が必要である。

●第1学年●

「二わの ことり」の発問構成　1

仲よくすることのよさを味わわせる発問構成

1　発問構成のポイント

学校生活では各教科での学習，特別活動の係，当番活動など多くの時間を友達と一緒に活動している。それらの活動のなかで，友達と一緒にいる楽しさは感じていても，それが友達のよさや大切さにつながるようには必ずしも考えられていない。そこで，友達と仲よくしてよかったということを考えられるような学習を展開できるようにする。2羽の小鳥が喜んでいる場面を中心にして授業を展開し，仲よくしてよかったという思いを味わわせ，価値理解を深めたい。

2　展開例

・ねらい：友達と仲よくするよさを味わい，仲よく過ごそうとする心情を育てる。
・学習指導過程

学習活動　主な発問と児童の反応	指導上の留意点
1　生活のなかでの友達の存在について考え，発表する。 ○友達とどんなことをすると楽しいですか。 2　資料「二わの ことり」を読んで話し合う。 (1)　やまがらはどんな気持ちでみんなに手紙を出したのか。 　・友達だからみんな来てほしいな。 　・誕生日会が楽しみだな。 (2)　うぐいすの家からそっと抜け出してやまがらの家に向かうみそさざいは，どんなことを考えていたか。 　・招待されたのに待たせて悪かったな。 　・一人だとさびしいだろうな。 (3)　みそさざいが来てくれて喜ぶやまがらと，それを見たみそさざいはどんなことを思っているか。 　・来てくれてうれしかったよ。 　・友達が一緒だとやっぱりうれしいな。 　・喜んでくれて，やっぱり来てよかったな。 　・大切な友達だから，これからも仲よくしよう。 3　友達と仲よくしてよかったことを発表し合う。 ○友達がいてよかったなと思ったり，仲よくしてよかったなと思ったりしたことはあるか。 4　学校生活のなかで，友達と協力し合ったり，楽しく活動したりしている場面を映像や写真で振り返る。	・友達と過ごして楽しかった経験を発表し合い，価値への方向付けを行う。 ・児童にとって聞き慣れない鳥の名前が出てくるので，登場人物を紹介しておく。 ・やまがらが誕生会を楽しみにする気持ちと，友達のことを考えて全員に手紙を出す気持ちを想像させる。 ・やまがらの家に向かっているみそさざいの気持ちを考えることで，友達のことを気遣うみそさざいの気持ちを想像させる。 ・みそさざいがやまがらの家に着いた場面で役割演技を行う。初めは教師がやまがら役を行う。また，役割演技を見て，その様子についてどう思ったかを見ていた児童に聞く。 ・喜ぶ2羽の気持ちを想像させることで，友達と仲よくするよさを味わわせる。 ・友達と一緒にいてよかったことを想起させる。 ・映像などで振り返ることで，仲よくしようという意欲を高める。

●第1学年●

「二わの ことり」の発問構成　2
友達の立場に立って，友情を深めることを考えさせる発問構成

1　発問構成のポイント

　友達と仲よくするには，相手の気持ちを考えて行動することが大切である。本時は，うぐいすの家に行ったものの，やまがらのことが気にかかっている場面を中心に授業を構成する。この場面では，やまがらも他の鳥たちも両者とも大切にしたいというみそさざいの心情が書かれている。友情の芽生えるこの時期の児童に，友達の気持ちを考えて接すれば，今よりももっとよい関係になれることを考えさせたい。

2　展開例

- ねらい：友達の気持ちを考え，友達と仲よくしようとする態度を育てる。
- 学習指導過程

学習活動　主な発問と児童の反応	指導上の留意点
1　友達にされてうれしかったことについて発表し合う。 ○友達にしてもらって，うれしかったことは何か。	・遊んでいるときや授業中など，いくつかの場面をあげてもよい。
2　資料「二わの ことり」を読んで話し合う。	・ペープサートを使って資料提示をする。
(1) やまがらに誕生日のお祝いに誘われながらも，みんなうぐいすの家に行くとき，みそさざいはどんなことを考えたか。 ・みんなが行くからうぐいすの方に行こうかな。 ・うぐいすの家の方が明るくて楽しそうだな。 ・みんな，やまがらのことはいいのかな。	・やまがらの気持ちを考えずに，自分にとってよい方を選ぶ他の小鳥たちの様子に目を向けさせる。また，迷いながらも結局まわりに流されてしまうこともある，人間的な弱さを振り返らせる。
(2) みそさざいはうぐいすの家でどんなことを考えていたか。 ・誕生日に一人ぼっちなんてつらいだろうな。 ・ぼくが行ったら喜ぶかな。 ・今抜けたら，歌のけいこの迷惑にはならないかな。	・ワークシートに考えを書かせる。 ・相手の立場に立って考えるとどうすればよいか迷う気持ちを想像させる。 ・他の鳥たちのことも考えて「こっそり」抜け出したことについても考えさせたい。
(3) みそさざいが来たことを喜ぶやまがらを見て，みそさざいはどんなことを思ったか。 ・友達のために行動してよかった。	・相手の気持ちを考えて行動したよさを味わわせるようにする。
3　友達のことを考えて行動した経験を発表し合う。 ○友達の気持ちを考えて行動できてよかったことや，友達の気持ちを考えずに行動してしまったことはないか。	・相手のことを考えて行動した成功体験や失敗体験を想起させ，相手のことを考えて行動しようとする態度に結びつける。
4　友達に関する歌を歌う。	・全員で手をつなぎ温かい雰囲気で終わる。

●第２学年●

「金いろのクレヨン」の発問構成　１

信頼することの大切さを味わわせる発問構成

1　発問構成のポイント

友情は信頼関係の基盤の上に成立する。信頼を得るためには誠実さも必要である。多くの児童は，うそをつく相手を嫌うことがあるが，逆にうそをついていても嫌われたことに気付いていないこともある。本時では，「友達だから裏切らない，うそをつかないのぼるの姿」を中心に発問構成を行い，友達と信頼し合って仲よくすることへの思いを深化させたい。展開にあたっては，内容項目１−(4)の指導にならないように注意する必要がある。

2　展開例

- ねらい：互いに信じ合い，助け合って仲よくしようとする態度を育てる。
- 学習指導過程

学習活動　主な発問と児童の反応	指導上の留意点
1　友達として大切なことについて発表し合う。 　○どんな友達が好きか。 2　資料「金いろのクレヨン」を読んで話し合う。	・具体名をあげるのではなく，好きな友達のイメージについて発表し合い，ねらいとする道徳的価値への方向付けを行う。
(1)　リスのしっぽに金色のクレヨンを使いたいのぼるは，どんなことを考えたか。 　・とみ子さん，貸してくれるって言っていたな。 　・いない間に勝手に使ってもいいかな。 　・後で「借りたよ」って言えばいいかな。	・とみ子のことを信頼してクレヨンを借りるのぼるの気持ちを想像させる。
(2)　返事をせずに黙って下を向いているのぼるは，どんなことを考えていただろうか。 　・言わずに黙っていたらばれないかな。 　・とみ子さんなら謝ったら許してくれるよな。 　・とみ子さんにうそをつき通すのは嫌だな。	・のぼるの心情を深く考えられるように，ワークシートに記入させる。 ・仲のよい友達にうそをつくかどうか迷うのぼるの気持ちを想像させる。
(3)　最後にもう一度謝るのぼるは，どんな気持ちだったか。 　・許してもらえてよかった。 　・クレヨンを折って本当に悪かったな。 　・すぐに謝らなくてごめんね。 3　友達との経験を発表し合う。 　○友達だからしたことや，友達なのに裏切ってしまったことはあるか。 4　友達のことについて書かれた作文を聞く。	・のぼるの，友達を信頼して謝ってよかったと思う心情や本当に悪いことをしたと思う心情，ごまかそうか迷った自分を悔やむ気持ちなどを想像させる。 ・友達の信頼を得たり，失ったりした経験について発表し合うようにする。 ・児童が友達について書いた作文を紹介する。

●第2学年●

「金いろのクレヨン」の発問構成　2
友達の立場に立って，友情を深めることを考えさせる発問構成

1　発問構成のポイント

　学校生活にも，じゅうぶん慣れた2年生は友達と集団で遊んだり，困っている友達を助けたりと，友達とより活発にかかわるようになる。しかし，自分本位に行動したり，不意に相手を傷つけてしまっても気付かなかったりすることもある。相手の立場に立って物事を考えて友達と仲よくする態度を育てたい。本時では，何度も謝るのぼるの心情を，とみ子の視点から想像させ，相手の気持ちを考えることの大切さに気付けるようにしたい。

2　展開例

- ねらい：友達の気持ちを考え，友達と仲よく，大切にしようとする心情を育てる。
- 学習指導過程

学習活動　主な発問と児童の反応	指導上の留意点
1　友達とのトラブルについて発表し合う。 　○友達を怒らせてしまったことはあるか。	・友達とのかかわりでうまくいかなかった経験を発表させ，ねらいとする道徳的価値への方向付けを行う。
2　資料「金いろのクレヨン」を読んで話し合う。	
(1) 折れたクレヨンをそっと箱にしまったとみ子はどんな気持ちだったか。 　・大切なクレヨンを折られてしまった。 　・折られるくらいなら貸すんじゃなかった。 　・どうしてすぐに謝らなかったの。	・友達に大切な物を壊されてしまったときには，友達のことを考えるよりも，怒りや悲しみが先にこみ上げてくる人間的な心情を想像させる。
(2) きびがら細工のリスとウサギを見つめながら，とみ子はどんな気持ちになったか。 　・のぼるさんはこれまでに親切にしてくれたな。 　・のぼるさんに工作を教えてもらってうれしかったな。 　・きびがら細工のように，これからも仲よくしたいな。	・人形などを使って，場面の様子を動作化する。 ・きびがら細工を通して，これまでの友情やこれからも仲よくしたいと思うとみ子の心情を想像させる。
(3) 許した後も，もう一度謝るのぼるを見て，とみ子はどんなことを考えたか。 　・のぼるさんも反省している。許してよかった。 　・これからものぼるさんと，仲よくできそうだな。	・のぼるの立場にも目を向けさせ，友達のことを考えて行動することの大切さに気付かせる。
3　友達のことを考えて行動した経験を発表し合う。 　○友達の気持ちを考えて行動できてよかったことや，友達の気持ちを考えずに行動してしまったことはないか。	・友達のことを考えて行動した成功体験や失敗体験を想起させ，友達のことを考えて行動しようとする態度に結びつける。
4　教師の体験談を聞く。	・教師の友情に関する体験談を話す。

（井原　賢一）

11　2　主として他の人とのかかわりに関すること

(3)　友達と仲よくし，助け合う。
「およげない　りすさん」／「ゆうき　と　やっち」

1　友情に関する内容

　児童にとって友達とは，時として家族以上に深いかかわりをもち，互いに大きな影響を与え合う存在であるといえる。学級という同じ集団に属し，世代も同じであることから，共通の話題について話をすることができる存在でありながらも，一方では，異なる家庭環境，生育環境にあることから，見方や考え方の違いを感じやすい，最も身近な他者である。友達との意見や考えの異同を確認しつつ，互いの意見を交わしながら，互いに影響を与え合って成長へと導くことができる大切な存在であるといえるだろう。互いを高め合い，よい影響を与え合うことのできるような友達関係を築くためには，互いを認め，理解し合うことが欠かせない。そうした相互尊重の精神を基盤として，助け合い，協力して活動に取り組むことで，より良好な友情関係が育まれて，互いを成長へと導くことができるのである。

2　低学年の友情にかかわる指導

　低学年段階の児童は，幼児期の自己中心性がまだ強く残り，周囲にいる友達にまでじゅうぶんに世界観が広がっておらず，友達との立場や考え方の異同を意識できないケースも少なくない。また，違いを意識できたとしても，自分と異なる考えを受け入れたり，相手の立場や心情を考慮したりすることは難しいことも多い。

　学校生活のなかでは，互いに協力をして仕事をしたり，仲よく遊んだりする活動を積み重ね，振り返りをして，自分のなかで友達がいることのよさを価値づけていく必要がある。こうした経験の積み重ねのなかで，友達自身のよさや，協力することのすばらしさにも思いを至らせていくことができるのである。

　道徳の時間では，毎日の生活のなかやグループ学習，特別活動の場面などで積み上げてきた経験をもとに，友達とともに過ごす喜びや助け合って生活をしていくことの心地よさにじゅうぶんにひたらせ，さらなる道徳的実践意欲への伸長へとつなげていく指導を心掛けたい。

2－(3)：他の関連資料

- 「あそべなかったやすみじかん」　文部省『小学校　道徳の指導資料　児童作文』
- 「ブンブンごま」　文部省『小学校　文化や伝統を大切にする心を育てる』

第1学年	「およげない　りすさん」
	出典：文部省『小学校　道徳の指導資料とその利用　3』

1．資料の概要

　池のほとりで，あひる，かめ，白鳥が，池の中の島へ行って遊ぶ相談をしている。そこへりすがやってきて，「いっしょに　つれていって」と頼むが，みんなは「りすさんは，およげないから　だめ。」と断ってしまう。あひるたちは島に行って遊ぶ。滑り台やブランコなどもあり，楽しいはずなのだが，りすがいないので少しも楽しくない。りすがいることのよさに気付いたみんなは，りすを連れてくるために思案をめぐらす。
　次の日，りすが池のほとりに行くと，あひるたちは「きょうは，りすさんも　いっしょに　島へ　いこうよ。」といい，りすをかめの背中の上に乗せ，みんなでりすを囲んで仲よく島へと向かう。

2．資料の特質

　得意なことの違いや，個性の違いは，学校生活を送り始めた低学年の児童が少しずつ気付き始めることである。この資料では，そうした集団のなかで，友達とどのようにかかわっていくべきかを考えさせることが大切である。りすを置いて島に行っても楽しく遊べない様子から，ともに過ごし，活動することのよさにふれさせたい。また，自分たちの特質を生かして，りすを島に連れて行こうとする行動から，助け合うことの大切さを考えさせることができる。

第2学年	「ゆっき　と　やっち」
	出典：文部省『小学校　読み物資料とその利用「主として他の人とのかかわりに関すること」』

1．資料の概要

　みんなとすみれの花畑で遊んでいたみつばちのゆっきとやっちは，だれが速く飛べるか，くらべっこをすることになった。ゆっきは「やっちは　はやく　とべるから　いいね。」と話し，やっちも自信満々。スタートするとやっちは先頭をぐんぐんと飛んでいく。しかし，途中でやっちのスピードが落ち，みんなに追い抜かれてしまう。やっちに追いついたゆっきは「どうしたの」と尋ねると，やっちは体調を崩したことを伝える。先に行くように促すやっちの言葉にゆっきは迷うが，自分につかまるように話し，二人は並んで飛んでいく。

2．資料の特質

　自己中心的な考え方をしてしまい，友達をあまり大切にしないやっちは，低学年の児童にありがちな姿そのものであるといえる。そんなやっちが，ゆっきの優しさにふれ，友達のよさに気付いていく様子に焦点をあてて考えたい。また，登場人物の心情の変化に留意しつつも，やっちを助けるかどうかを迷うゆっきの心の葛藤にもふれていきたい。

●第１学年●

「およげない　りすさん」の発問構成　1
友達がいることの大切さについて考えを深める発問構成

1　発問構成のポイント

　本時は，友達を置いて島に渡ってしまった側のあひるたちを中心に発問を構成した。みんなで遊びに行けるよう知恵を絞って，りすさんを連れて行く充実感にじゅうぶんに浸らせるために，その前の場面での，友達を置いてきてしまったあひるたちの心が満たされないむなしさをしっかりと考えさせたい。二つの心情を対比させるように発問を構成することで，友達がいることのよさや，友達の大切さについて，価値理解を深めることができる。

2　展開例

- ねらい：友達の大切さを考え，仲よく生活しようとする心情を育てる。
- 学習指導過程

学習活動　主な発問と児童の反応	指導上の留意点
1　友達と遊んだ経験を話し合う。 　○友達といて楽しいのはどんなときか。 　・遊んでいるとき。 　・おしゃべりしているとき。 2　資料「およげない　りすさん」を読んで話し合う。 (1)　「りすさんは，およげないからだめ」と言われて，りすさんはどんな気持ちだったか。 　・みんなと遊びに行けなくて悲しい。 　・一人ぼっちではさみしい。 (2)　島について，滑り台やブランコで遊んでいるとき，みんなはどんな気持ちだったか。 　・りすさんがいないと，遊んでいても楽しくない。 　・今ごろりすさんはどうしているだろう。 　・どうにかしてりすさんを連れて来られないかな。 (3)　次の日，りすさんを連れて島に向かっているとき，みんなはどんな気持ちだったか。 　・今日はみんな一緒だからきっと楽しく遊べるぞ。 　・やっぱりみんなで一緒に遊ぶのがいちばんだな。 3　友達との経験について話し合う。 　○友達と一緒でよかったなと思ったことはあるか。 4　友達についての歌をみんなで歌う。	・日常生活のなかの出来事から友達のよさについての認識を引き出す。 ・資料提示は紙芝居で行い，場面ごとの登場人物の心情をある程度区切って考えられるようにする。 ・一人になるさびしさにじゅうぶんに浸らせる。 ・友達がいないときのむなしさや，友達を置いてきてしまった後ろめたさを味わわせるようにする。 ・みんなでそろって島に行くときの思いを，一人ぼっちでいたときや島で楽しく遊べなかったときの思いと対比させながら考えられるようにする。 ・友達と一緒に活動することの喜びを感じた経験を交流し，友達のよさを感得する場面を増やせるようにする。 ・友達のよさについて歌った歌を選ぶ。

●第1学年●

「およげない りすさん」の発問構成 2
友達がいることの喜びをじっくりと味わわせる発問構成

1 発問構成のポイント

　低学年の段階では，まだ自己中心的な考え方が目立つことから，友達の気持ちに思いをめぐらせる経験をしっかりと積んでいくことが大切である。ここでは，友達と一緒に遊べなかったりすさんの気持ちを考え，友達と一緒に時間を過ごせることのうれしさ，喜びに気付かせたい。一緒に遊びに行けずに沈んでいたりすさんの気持ちと，友達に一緒に遊びに行こうと声をかけられたときの喜びについて考えさせることが大切である。

2 展開例

- ねらい：友達がいることのよさに気付き，仲よく助け合おうとする心情を育てる。
- 学習指導過程

学習活動　主な発問と児童の反応	指導上の留意点
1　友達にしてもらってうれしかった経験を発表し合う。 ○友達にしてもらってうれしかったことはあるか。 ・縄跳びの跳び方を教えてくれた。 ・転んだとき，「だいじょうぶ」と心配してくれた。 2　資料『およげない　りすさん』を読んで話し合う。	・日常生活のなかの出来事から友達のよさについての認識を引き出す。
(1)「りすさんは，およげないからだめ」と言ったとき，みんなはどんな気持ちだったか。 ・泳げないりすさんを連れて行ったら遅くなる。 ・泳げないんだから仕方がない。	・りすの思いは考えずに，自分たちの都合で話を進めがちなみんなの思いを考えさせる。
(2)　一人ぼっちになってしまい，うちに帰るりすさんはどんな気持ちだったか。 ・一人ぼっちはさみしいな。 ・島に行ってみんなと遊びたかった。	・一人でいるさびしさにじゅうぶんに浸らせる。
(3)　かめさんの背中に乗って，みんなと一緒に島へ行くりすさんは，どんな気持ちだったか。 ・ぼくも島に行って，みんなと一緒に遊べるんだ。 ・ぼくを島に連れて行く方法を考えてくれてうれしい。 ・みんな優しいな。ありがとう。	・話合いの論点が，友達に誘ってもらったという受け身的な感情ではなく，みんなと一緒にいることのうれしさとなるよう配慮する。
3　友達がいてよかった経験を話し合う。 ○友達と仲よくするために，あのときこうすればよかったなあと思ったことがあるか。	・友達のためにも，自分のためにもよりよい行動はどうであったかを振り返らせるようにする。
4　教師の体験談を聞く。	・友達と一緒にいて充実できた経験を話す。

●第2学年●

「ゆっき と やっち」の発問構成 1
友達同士で助け合うことの大切さを感じさせる発問構成

1　発問構成のポイント

　友達のよさをわかっていながらも，ついつい自分の都合を優先してしまうこともあるのが人間である。本時は自分と友達の狭間で心を揺らし，葛藤しながらも，友達と助け合うことを選ぶ過程を追体験する発問構成を行う。友達を大切に思い，迷いながらもやっちを助けたゆっきの心の動きを深く考えさせたい。また，助けてもらったやっちの思いを考えることで，友達を助けることを選んだゆっきの行動を評価していき，価値理解を深めるようにしたい。

2　展開例

- ねらい：友達がいることのよさに気付き，仲よく助け合おうとする態度を育てる。
- 学習指導過程

学習活動　主な発問と児童の反応	指導上の留意点
1　友達と競争した経験について話し合う。 　○友達と競争やくらべっこをしたことはあるか。 　　・かけっこ　　・腕ずもう 2　資料「ゆっき と やっち」を読んで話し合う。 (1)　やっちに「ぼくのほうが　はやいさ。」と言われて，ゆっきはどんな気持ちだったか。 　・自慢しなくてもいいのに。 　・そんな言い方しなくてもいいのに。 (2)　やっちに追いついたゆっきが迷っているとき，どんなことを考えていただろう。 　・自慢をしていたやっちを抜かしてしまおうか。 　・具合が悪いやっちを置いては行けない。 　・やっちを助けてあげたい。 (3)　ゆっきと並んで飛んでいるとき，やっちはどんな気持ちだったか。 　・さっきは自慢して悪かったな。 　・ゆっきは優しいな。 　・ゆっきは大切な友達だ。 3　友達に優しくできた経験を話し合う。 　○友達のためを思って接してあげたことはあるか。 4　児童の日常生活から気付いたことを話す。	・ケンカしたなどではなく，純粋に競い合った経験を聞くようにする。 ・苦手なことについて，友達に自慢されている状況を想起する。 ・抜かして行くか，助けるかを迷っているゆっきの気持ちをじゅうぶんに考えさせ，多様な考え方に出会わせるようにする。 ・二つの行動の間で迷うゆっきの心の揺れが表れるように，対比的な板書にする。 ・やっちの反省だけではなく，ゆっきの優しさに対する思いも考えられるようにする。 ・友達のために行動できたゆっきと同じような経験について想起させる。 ・相手のことを考えることができた自分を振り返り，肯定的に自分を評価できるようにする。 ・児童が友達のために行動していた様子を話す。

●第2学年●

「ゆっき と やっち」の発問構成 2
友達がいることの喜びをじっくりと味わわせる発問構成

2-(3) 友情

1 発問構成のポイント

　まだ自我が強い低学年段階では，友達のことをないがしろにしてしまうような発言をしてしまうことも少なくない。速く飛べることを自慢するやっちや，調子が悪くなってしまい，ゆっきに追いつかれたときのやっちの気持ちを考えることで，人間理解につなげたい。そんなやっちがゆっきの優しさにふれ，友達がいることの喜びに気付いていくという，やっちの気持ちの変化を深く味わえるようにすることをねらった発問構成である。

2 展開例

- ねらい：友達の大切さを理解し，互いに助け合おうとする心情を育てる。
- 学習指導過程

学習活動　主な発問と児童の反応	指導上の留意点
1　友達に助けてもらった経験について話し合う。 ○今までに友達に助けてもらったことはあるか。 ・けがをして保健室に連れて行ってもらった。 ・当番を手伝ってもらった。 2　資料「ゆっき と やっち」を読んで話し合う。 (1)　「ぼくのほうが　はやいさ。」とゆっきに言ったとき，やっちはどんな気持ちだったか。 ・ぼくが一番に決まってる。 ・ゆっきになんか負けないぞ。 (2)　ゆっきに追いつかれてしまったとき，やっちはどんな気持ちだったか。 ・飛ぶことが苦手なゆっきにまで追いつかれて悔しい。 ・さっきは自慢したのに追いつかれて恥ずかしい。 (3)　ゆっきに「やっち，いっしょに　いこうよ。さあ，ぼくの　手に　つかまって。」と言われたとき，やっちはどんな気持ちだったか。 ・自慢してしまったのに手をつないでくれてうれしい。 ・さっきは自慢してしまってごめんね。 ・ゆっきが友達でいてくれてうれしいよ。 3　友達がいてよかったなと思った経験を発表し合う。 ○友達がいてよかったなと思ったことはあるか。 4　教師の体験談を話す。	・自分が助けてもらって，友達のよさに気付いた経験を話し，本時のねらいとする道徳的価値への方向付けをする。 ・得意になって相手の気持ちをくみ取れていない状況を想起する。 ・思いどおりにいかない悔しさや，自慢してしまったことによる気恥ずかしさを想像させる。 ・教師がゆっき，児童がやっちになっての役割演技を取り入れ，手助けをしてもらったときの喜びを自分とのかかわりで考えさせる。 ・友達のよさ，友達がいることのうれしさについて，導入での話をさらに深められるようにする。 ・友達と一緒にいて充実できた経験を話す。

（田中　博）

12 (4) 日ごろ世話になっている人々に感謝する。

2 主として他の人とのかかわりに関すること

「きつねとぶどう」／「たけとんぼづくり」

1 感謝に関する内容

『小学校学習指導要領解説　道徳編』には道徳教育の基本的なあり方が述べられている。そのなかの道徳の意義として「豊かなかかわりと人間としての在り方や生き方の自覚」が提言されている。道徳は，他者とのかかわりにおけるよりよい生き方を求めるものとされている。

人は一人では生きてはいけない。人との豊かなかかわりのなかで，生活し，自らを成長させるのである。そのなかでも，日頃世話になっている人々に感謝する心をもたせる指導は道徳の時間においてとても重要である。

低学年の子どもたちは，高学年の子どもたち以上に，身近な人たちに日々支えられ，援助を受け，生活している。しかし，そのような現状になかなか気付けないでいる子どもも多い。

私たちは身近にいる多くの人々に支えられていることにより，日々の生活が成り立っているということを，道徳の時間に再度確認することはとても大切なことである。

多くの人々に世話になっている自分に気付けば，自ずと感謝の気持ちが育つはずである。そして感謝の念を言葉や態度で示せるようにするとともに，自分も他者から感謝，尊敬される人間になろうとする気持ちも育てていきたい。

2 低学年の感謝にかかわる指導について

低学年の段階においては，日常の指導などにおいて，身近で日頃世話になっている人々の存在に着目させ，それらの人々の善意に感謝する気持ちを具体的な言葉に表し，行動に表す指導が求められる。感謝の表し方や，返す言葉など，生活経験の差により，その表現において乏しい子どもも見られる。そのような場合，生活経験豊かな子どもの感謝の表し方などをモデルとし，模倣させる指導なども効果的である。

２－(4)にかかわる指導としては生活科における「自分自身の成長を振り返り，多くの人々の支えにより自分が大きくなったこと，自分でできるようになったこと，役割が増えたことなどが分かり，これまでの生活や成長を支えてくれた人に感謝の気持ちを持つとともに，これからの成長への願いをもって，意欲的に生活できるようにする」ことや，国語科における「書くことの指導」の「伝えたいことを簡単な手紙に書くこと」などがあげられる。

> ２－(4)：他の関連資料
> ・「へんとうせんのとき」文部省『小学校　道徳の指導資料とその利用　2』
> ・「ごほうび」文部省『小学校　読み物資料とその利用「主として他の人とのかかわりに関すること」』

事例編　2　主として他の人とのかかわりに関すること

第1学年	「きつねとぶどう」
	出典：文部省『小学校　道徳の指導資料　第1集』（2年）

2-(4) 感謝

1．資料の概要

　　きつねの子がお腹をすかせて，巣で泣いている。その様子を見かねた親ぎつねは食べ物を探しに行く。お腹をすかせた子ぎつねが何時間待っても，親ぎつねは戻ってこない。その頃，親ぎつねは，ぶどうをとってこようと一所懸命山を駆けていた。三つ目の山を越えたあたりで，ようやく一房のぶどうを手に入れた親ぎつねは，大急ぎで子ぎつねのもとへ戻る。きつねの巣のそばまで来ると，親ぎつねはそれまでの疲れが出たのか，ぶどうを置き，休んでしまう。そのとき，突然巣のそばで犬の鳴き声がした。猟師が犬をつれて狩に来ていたのである。子ぎつねの身を案じた親ぎつねは子ぎつねに巣から逃げるように叫ぶ。子ぎつねは巣から逃げた。しかし親ぎつねはもう戻ってこなかった。
　　何年かが経ち，子ぎつねも大人になり，昔住んでいた巣の近くで見事なぶどうの房を見つける。そこにぶどうがあるわけを子ぎつねは知り，亡き母に向かって母の名を叫ぶ。

2．資料の特質

　この資料は母親が子どもの身を案じ，身を挺して子どもを守り，結果的に食料まで残していくというすばらしい感動資料である。この資料の活用のポイントは関連価値である家族愛を，感謝の意識の入り口にしつつ，子どもたちが母親同様に日頃世話になっている人々へ意識を広げていくことにある。感動的な場面をもちつつ，子どもたちの意識を感謝に向けることのできる資料である。

第2学年	「たけとんぼづくり」
	出典：文溪堂『１ねんせいのどうとく』（1年）

1．資料の概要

　　ひろきの学校でふれ合い参観日が行われる。その日はお年寄りと竹馬や竹とんぼなどを一緒に楽しみ，ふれ合うという日である。授業が始まると，今日一緒に遊ぶお年寄りの紹介があった。そのなかでひろきは一人のおじいさんを見つける。そのおじいさんは，いつも横断歩道で見守ってくれているおじいさんだった。声をかけてくれたり，転んだときに起こしてくれたりしたおじいさんだった。ひろきとまさおはそのおじいさんのところに行き，竹とんぼ作りを教わる。
　　おじいさんは竹とんぼ作りのコツを二人にていねいに教えてくれた。おじいさんの作る竹とんぼは，みるみる竹とんぼの形になっていく。おじいさんと一緒に竹とんぼを飛ばすと，竹とんぼは勢いよく飛んでいく。二人はおじいさんと顔を見合わせ笑顔になる。そして次の日，二人は元気よくおじいさんにあいさつをした。

2．資料の特質

　お年寄りとのふれ合い活動などでの体験を子どもたちに問うときには，行為だけでなく，その時抱いた心情もじゅうぶんに掘り下げ，話させるようにする。身近な人々への感謝の気持ちを考えていくときに，お年寄りだけではなく，広く身近な人々に思いを広げられるように多様な年齢層の人々に意識が向くようにすることが大切である。

83

●第1学年●

「きつねとぶどう」の発問構成　1
家族に感謝する気持ちを大切にしながら，身近な人々への感謝の気持ちを育てるための発問構成

1　発問構成のポイント

　日頃，身近でお世話になっている人々に感謝の気持ちをもつことの大切さに気付かせ，それを具体的な言葉や態度に表すことが大切だが，支えてくれている人々の存在に気付かないことも多い。そこで，子どものそばにいつも寄り添い，支えている家族に対する思いや心情にふれることから，多様な人々への思いを広げていくことをねらいとする。母親に対する思いから，母親同様に親身になって考えてくれている人々へ感謝の気持ちをもてるようにしていきたい。

2　展開例

- ねらい：自分たちの身近に世話をしてくれる人々がいることに気付き，その人たちに感謝しようとする心情を育てる。
- 学習指導過程

学習活動　主な発問と児童の反応	指導上の留意点
1　家族の人たちに日頃してもらっていることについて発表し合う。 ○家の人にどのようなことで世話になっているか。今そのことをどう思うか。	・家族からしてもらっている支援に気付かせ，家族からたくさん世話をしてもらっていることを実感させる。
2　資料「きつねとぶどう」を読んで話し合う。	
(1)　おかあさんに「おいしい　ものを　とってきてあげる」と言われたとき子ぎつねはどんな気持ちだったか。 ・うれしいなあ。お腹いっぱい食べられるぞ。 ・おかあさんはやっぱり頼りになるなあ。	・母親に対して頼っている気持ちにふれさせ，親の支援のありがたみを感じさせる。
(2)　親ぎつねに「早く逃げなさい」と言われたとき，子ぎつねはどんなことを考えながら逃げたか。 ・おかあさんはだいじょうぶかなあ。 ・おかあさんに早く会いたいなあ。	・身をていして子どもを守ろうとする親の気持ちにふれながら，母と離れる子ぎつねの悲しさなどを話させるようにする。
(3)　おいしいぶどうを食べながら，子ぎつねはどんな気持ちで「おかあさん，ありがとう」と声をあげたか。 ・おかあさんありがとう。 ・おかげでぼくも大きく立派になったよ。	・どうしてそこにぶどうがあったのか，の理由について子どもたちにじゅうぶんに理解させたうえで，子ぎつねが母親に感謝の意を示していることに浸らせる。
3　日頃世話になっている人々について話し合う。 ○家族の人と同じように自分たちの世話をしてくれている人にはどんな人たちがいるか。	・家族以外の人からの支援に目を向けさせ，家族同様に世話をしてくれている人々の存在に気付く。
4　世話をしてくれている人の話を聞く。	・世話をしてくれている人々の話を聞く。

●第1学年●

「きつねとぶどう」の発問構成　2
世話になっている人々の気持ちを理解し，感謝の念を深める発問構成

事例編　2　主として他の人とのかかわりに関すること

2-(4) 感謝

1　発問構成のポイント

　子どもたちは，毎日の生活のなかで多くの人々の支えや励ましがあって，自分たちの生活が成り立っていることは理解していることが多い。しかし，そのような人たちが自分たちにどんな思いを抱き，そのようなことをしてくれているのかという，相手の心情を理解していることは少ない。同様に感謝の気持ちをもちつつも，世話になっている人々に，具体的にどのような言葉をかけたらよいのか，どのような態度を表せばよいのか，わからないでいることも多い。そんななかで実際に感謝の意を表すことの大切さをじゅうぶんに感じ取らせるようにする。

2　展開例

・ねらい：自分たちの身近にいる，世話になっている人たちの思いに気付き，感謝しようとする心情を育てる。

・学習指導過程

学習活動　主な発問と児童の反応	指導上の留意点
1　自分の世話をしてくれる人にはどんな人がいるか。 　○いつも世話になっている人にはどんな人がいるか。	・日頃世話になっている多くの人たちの存在に気付かせ，具体的な内容にふれる。
2　資料「きつねとぶどう」を読んで話し合う。 (1)　おかあさんがなかなか帰ってこないとき，子ぎつねはどんなことを考えていたか。 　・どうしておかあさんは帰ってこないのかなあ。 　・お腹がすいたなあ。困ったなあ。	
(2)　親ぎつねはどんな気持ちで子ぎつねを逃がしたのか。 　・このままでは，子どもがたいへんだ。 　・わたしがこの子の代わりに撃たれよう。	・母親の子どもに対する気持ちを考えさせることにより，世話をしてくれている人々の思いを考えさせる。家族愛の視点からより広い視野をもたせるようにする。
(3)　子ぎつねはおかあさんの声を思い出しながらどんなことを思っていたか。 　・おかあさんが残してくれたぶどうだ。ありがたい。 　・おかあさんのおかげでお腹がいっぱいになったよ。	・母の声を思い出しながら，感謝の気持ちを語ろうとしている子ぎつねの思いから価値をとらえさせる。
3　日頃世話になっている人々に感謝の気持ちを伝えることについて話し合う。 　○自分たちの世話をしてくれている人にはどんな言葉をかけてあげたらよいか。	・具体的な言葉や，手紙を書くなど子どもたちができることを考えさせる。
4　教師の体験談を聞く。	・教師の小学校時代の逸話を話す。

●第2学年●

「たけとんぼづくり」の発問構成　1
身近な人々に感謝することの大切さに気付かせる発問構成

1　発問構成のポイント

　子どもたちは生活科や特別活動等で地域をはじめとする身近な人々とふれ合う機会が多い。例えば生活科の学習では，自分たちの生活は地域で生活したり働いている人々や様々な場所とかかわっていることを理解する。また公共の施設を利用し，その場所で，様々な人々とのかかわりも生まれる。そのような経験を道徳の時間の話合いのときに想起させたり，心情を考える手がかりにすることは意義がある。日々の貴重な経験を経験だけでとどめず，道徳の時間での深化に活用することをねらいたい。

2　展開例

- ねらい：自分たちの身近に世話をしてくれる人々がいることに気付き，その人たちに感謝しようとする心情を育てる。
- 学習指導過程

学習活動　主な発問と児童の反応	指導上の留意点
1　生活科での学習を振り返る。 　○生活科の学習でどんな人と交流したか。	・広く生活科でかかわった人々を想起させ，そのときの体験を話させる。
2　資料「たけとんぼづくり」を読んで話し合う。 (1)　授業が始まり，お年寄りの紹介のとき，一人のおじいさんを見つけたひろきは何を思ったか。 　・いつも横断歩道のところにいるおじいさんだ。 　・今日はどうしてここに来ているのかな。	・日頃なにげなくふれ合っていたおじいさんが先生になってくれるうれしさや戸惑いの気持ちをとらえさせる。
(2)　おじいさんが器用に竹とんぼを作り，飛ばす様子をひろきはどんな気持ちで見ていたか。 　・おじいさんはすごいなあ。 　・そういえばこの間の生活科の昔遊びのときのおばあちゃんのお手玉もすごかったなあ。	・自分たちの身近な人々が昔からの特技を教えてくれる驚きや喜びをとらえさせる。
(3)　次の日の朝，ひろきはどんな気持ちでおじいさんにあいさつをしたか。 　・昨日は竹とんぼの作り方を教えてくれてありがとう。	・おじいさんへのあいさつの仕方の変容をとらえさせ，感謝の気持ちに共感させる。
3　今までの学習でふれ合った人々に感謝の気持ちを伝えることについて話し合う。 　○今までの学習でふれ合った人々にどんなふうに感謝の思いを伝えたいか。	・生活科での交流の様子を想起させる。
4　世話をしてくれている人の話を聞く。	・生活科等で招いた人の話を聞く。

●第2学年●

「たけとんぼづくり」の発問構成　2
身近な人々に感謝し，いろいろな場面で世話になっていることに気付かせる発問構成

1　発問構成のポイント

　日頃世話になっている人々の存在に気付き，その人たちに感謝の気持ちを寄せることは，よりよい人間関係を築いていくために，根底に必要とされる思いである。そして同時に，そのような人々へ憧れを抱き，また目標としていくことも大事なことである。ひいてはその感謝の念が，生命尊重や人間尊重の精神を支えるものになる。低学年のまとめの時期として，日頃世話になっている人々への感謝の思いをじゅうぶんに考えさせたい。

2　展開例

- ねらい：自分たちの身近にいる世話になっている人たちの思いに気付き，感謝しようとする態度を育てる。
- 学習指導過程

学習活動　主な発問と児童の反応	指導上の留意点
1　自分たちのまわりでお世話してくれている人にはどんな人がいるか。 ○いつも世話になっている人にはどんな人がいるか。	・広く日常生活でかかわった人々を想起させ，どうしてその人を思い描くのか，発表させる。
2　資料「たけとんぼづくり」を読んで話し合う。	
(1)　ひろきとまさおはどんな気持ちで，おじいさんのところに行ったのか。 ・いつも横断歩道のところにいるおじいさんともっと話をしてみたいなあ。	・日常なにげなくふれ合っていたおじいさんともっと親しくなりたいと思う二人の気持ちにふれる。
(2)　おじいさんがはねを上手に削って，竹とんぼを作っていく様子を，二人はどんな気持ちで見ていたか。 ・おじいさんはすごいなあ。 ・竹とんぼ作りのこつをよく知っているなあ。	・おじいさんのもつ竹とんぼ作りの技術のすばらしさに感心し，憧れをもつ二人の気持ちを考える。
(3)　おじいさんの飛ばした竹とんぼが，勢いよく飛んでいくのを見て，ひろきはどんな思いでいたか。 ・おじいさんはすごいなあ。 ・おじいさんのように飛ばせるようになりたいなあ。	・おじいさんに感謝するとともに，おじいさんのように，様々な場面でお世話になってきたことに気付かせたい。
3　日頃世話になっている人々に感謝の気持ちを伝えることについて話し合う。 ○自分たちを世話をしてくれている人のなかで，感謝の気持ちを伝えたことはありますか。	・感謝の念を抱くと同時に憧れを感じ，自分にも何か人に感謝されるようなことをした経験がないか，振り返らせる。
4　学校や学級に寄せられた手紙の内容を知る。	・生活科等で寄せられた手紙の話を聞く。

（黒瀬　敬）

13　3　主として自然や崇高なものとのかかわりに関すること

(1) 生きることを喜び，生命を大切にする心をもつ。
「まりちゃんと　あさがお」／「ナイチンゲール」

1　生命尊重に関する内容

　生命に対する畏敬の念は，人間の存在そのものあるいは生命そのものの意味を深く問うときに求められる基本的精神であり，生命のかけがえのなさに気付き，生命あるものを慈しみ，畏れ，敬い，尊ぶことを意味する。このことにより人間は，自他の生命の尊さや生きることのすばらしさの自覚を深めることができる。人間の生命があらゆる生命との関係や調和のなかで存在し生かされていることを自覚することは，すべての道徳性の基盤になる。さらに，生命あるものすべてに対する感謝の心や思いやりの心を育み，より深く自己を見つめながら，人間としてのあり方や生き方の自覚を深めていくことができる。子どもの自殺やいじめにかかわる問題，環境の問題などを考えるとき，生命尊重に関する内容はより一層必要となる。

　ここでは，社会的なかかわりのなかでの命や，自然のなかでの命，さらには生命の有限性，連続性，尊厳性など，多面的な視点で道徳的価値をとらえられるようにする。そうすることで，生命の大切さをより深く自覚できる。

2　低学年の生命尊重にかかわる指導

　低学年の児童は，生命の大切さを知的に理解するというより，生活経験のなかで生きていることを感じ取ることが中心になる。朝起きて食事をとること，学校で友達と過ごすこと，夜はぐっすり眠ることなどの当たり前の生活のなかで，見過ごしがちな「生きているすばらしさ」を自覚する。また，心臓の鼓動や体の温もりなどから，自分の生命の証を感じ取る。このように生きていることを体験的に実感することで，生きる喜びや大切さを自覚できるようにする。

　3－(1)にかかわる指導としては，生活科における「動物を飼ったり植物を育てたりして，それらの育つ場所，変化や成長の様子に関心をもち，また，それらは生命をもっていることや成長していることに気付き，生き物への親しみをもち，大切にすることができるようにする」がある。また，特別活動の学級活動における「日常の生活や学習への適応及び健康安全」のなかの，希望や目標をもって生きる態度の形成や心身ともに健全で安全な生活態度の形成などがあげられる。3－(1)と関連づけて指導することができる。

3－(1)：他の関連資料

- 「かたつむりも　いきを　している」　文部省『小学校　生命を尊ぶ心を育てる指導』
- 「すずめの赤ちゃん」　文部省『小学校　生命を尊ぶ心を育てる指導』

事例編　3　主として自然や崇高なものとのかかわりに関すること

| 第1学年 | 「まりちゃんと　あさがお」 |

出典：文部科学省『小学校　道徳　読み物資料集』

1．資料の概要

　主人公の女の子まりちゃんは，祖母にもらったあさがおの種を大切に育てている。花が咲いたことを祖母と一緒に大喜びするまりちゃんだったが，学校から帰るとあさがおがしぼんでいることに気付く。悲しんでいるまりちゃんに祖母は「でもね，さいた　あとには，やがて　あたらしい　いのちが　うまれるの。」，「そうして　いのちは　つながって　いくのよ。」と話をする。黙って聞いているまりちゃんは，やがて心のなかで「いのちは　つながって　いくんだな。」とつぶやく。

2．資料の特質

　低学年の児童にとって身近なあさがおを栽培するという資料である。体験と重ね合わせて生命の神秘や大切さを考えられるように構成されている。祖母にもらった種を育て，祖母の言葉で命について考える主人公の様子を通して，自分の命もつながりのあるものであるということに気付きやすく，生命を大切にする心を育むことができる。

3-(1)　生命尊重

| 第2学年 | 「ナイチンゲール」 |

出典：学研『みんなのどうとく』（1年）

1．資料の概要

　近代看護教育の母とよばれるフローレンス・ナイチンゲール（1820～1910）の幼い頃を題材にした資料である。
　ある日フローレンスは，いつも羊を追っていた犬がいないことに気付く。羊飼いのおじいさんから，その犬が足をけがして役に立たないから殺して楽にするという話を聞き，驚いたフローレンスは犬の足を水で何度も冷やした。そのおかげで犬の足の腫れは引き，おじいさんはフローレンスに謝りお礼を言う。
　大人になってフローレンスは看護師になり，クリミヤ戦争で傷ついた兵士の看病を夜も寝ないで続け「クリミヤの天使」とよばれるようになった。

2．資料の特質

　児童が親しみを感じやすい動物が，けがをしたために殺されるかもしれないという出来事から始まる資料である。「羊を追うという仕事ができない」というだけで命を絶たれるかもしれないということは，子どもたちにとって納得しがたいことである。子どもたちは，献身的に看病する主人公の一所懸命な思いに共感しながら命の大切さを考えることができるであろう。

●第１学年●

「まりちゃんと あさがお」の発問構成 1

命のつながりから，一つ一つの命の尊さを考えさせる発問構成

1　発問構成のポイント

　命には限りがあるということは，低学年の児童も知っている。しかし，そのはかない命にも，次の世代へつながるというすばらしさがある。小さな種のもつ力から，その尊さに気付かせ，一つ一つの命をより大切にする心情を育てたい。そこで，祖母の言葉を黙って聞く主人公の気持ちを中心に考える授業を展開する。

2　展開例

- ねらい：命はつながっていく尊いものであることに気付き，一つ一つの命を大切にしようとする態度を育てる。
- 学習指導過程

学習活動　主な発問と児童の反応	指導上の留意点
1　生き物を育てた経験を話し合う。 　○今までに，どんな生き物を育てたことがありますか。	・あさがおなどの植物，家で飼っている動物などの世話を想起させる。
2　資料「まりちゃんと　あさがお」を読んで話し合う。 (1) まりちゃんはどんな気持ちであさがおを育てたか。 　・早くきれいな花が咲くといいな。 　・水やりを頑張ろう。	・主人公に共感させ，あさがおの成長を楽しみに世話している気持ちを考えさせる。
(2) 学校から帰ってあさがおがしぼんでいるのを見たとき，まりちゃんはどう思ったか。 　・せっかく咲いたのにもうしぼんでしまって悲しい。 　・もう枯れたんだ。かわいそう。	・命があっけなく終わってしまうことを悲しむ気持ちを考えさせる。
(3) おばあちゃんの話を黙って聞いていたまりちゃんはどんなことを考えていたか。 　・花は枯れてもまた，新しい命が生まれるってすごいな。 　・種は花の赤ちゃんなんだな。大切なんだな。 　・いっぱい花を咲かせて，種の赤ちゃんを増やしたいな。	・花は枯れても種にも生命があることから，生命の不思議さを感じるとともに，生きていることの大切さを考えられるようにする。
3　生き物を育てて，種をとったり赤ちゃんが生まれたりした経験を話し合う。 　○まりちゃんのように，「いのちは　つながって　いくんだな。すごいな」と思ったことはあるか。	・身近なところにも多くの命が存在していることに気付き，それらの生命力を感じ，命を大切にしようとする気持ちをもたせたい。
4　教師の話を聞く。	

●第1学年●

「まりちゃんと あさがお」の発問構成 2
命のつながりから，今生きていることのすばらしさを感じ取らせる発問構成

1 発問構成のポイント

児童は，日々当たり前に生活しており，命の大切さやありがたさを感じる機会はない。この授業では，自分の命が両親や祖父母とつながっていることや，大切に育まれていることに気付かせたい。そこで，あさがおの命と主人公の命とを重ねて考える場面を中心に，発問を構成した。

2 展開例

- ねらい：今生きていることのすばらしさに気付き，自分の命を大切にしていこうとする心情を育てる。
- 学習指導過程

学習活動　主な発問と児童の反応	指導上の留意点
1　誕生にかかわる経験を話し合う。 　○弟や妹が生まれたとき，どんな気持ちだったか。	・誕生にかかわる自分の体験を想起し，思いを語らせる。
2　資料「まりちゃんと　あさがお」を読んで話し合う。	
(1)　朝きれいに咲いていたあさがおが，学校から帰るとしぼんでいたのを見たとき，まりちゃんはどう思ったか。 　・せっかく咲いたのにもうしぼんでしまって悲しい。 　・もう枯れたんだ。かわいそう。	・大切に育てた命がはかなく終わってしまうことを悲しむ主人公の気持ちに共感させる。
(2)　おばあちゃんの話を黙って聞いていたまりちゃんはどんなことを考えていたか。 　・花は枯れても，また新しい命が生まれるってすごい。 　・種は花の赤ちゃんなんだな。大切なんだな。 　・いっぱい花を咲かせて，種の赤ちゃんを増やしたいな。	・しぼんでしまってもあさがおの命が終わってしまったわけではないことや，次の命のためにもこれからも大切に育てようとする主人公の気持ちを深く考えさせたい。
(3)　「いのちは　つながって　いくんだな。」とつぶやいたまりちゃんは，どんなことを考えていたか。 　・わたしの命もおばあちゃんの命とつながっている。 　・おとうさんやおかあさんがいたから自分の命がある。	・まりちゃんの命はどこからきたのかを考えさせることで，人間の命もあさがおと同じようにつながりのなかで育まれている尊いものであることをとらえさせる。
3　生まれることの不思議さや命のつながりを感じた経験を話し合う。 　○命はつながっていくんだなと思ったことはあるか。	・『心のノート』を参考に，誕生したときの様子を事前に保護者に尋ねておくなどして，自分のこととつなげて考えやすくする。
4　『心のノート』を読む。	・「生きているね，つながっているね…」にある写真を見て命のつながりを感じ取らせる。

3−(1) 生命尊重

●第2学年●

「ナイチンゲール」の発問構成　1
すべての命はかけがえのない尊いものであることを考えさせる発問構成

1　発問構成のポイント

　自他の生命を大切にすることは，最も基本的なことである。しかし，現代社会においては，命を軽視した言動も見られる。この資料では，足のけがをして役に立たなくなった犬のために，懸命に手当てをする主人公の姿のすばらしさをじゅうぶんに感じ取らせる。その姿がおじいさんに訴えたものは何だったのかを話し合うなかで，どんな命をも大切にする心情にせまる。

2　展開例

- ねらい：すべての命は尊く守られるべきものであることに気付き，生命を大切にしようとする心情を育てる。
- 学習指導過程

学習活動　主な発問と児童の反応	指導上の留意点
1　ナイチンゲールについて知る。 　○ナイチンゲールという人を知っていますか。	・主人公について紹介し，資料の内容に入りやすくする。
2　資料「ナイチンゲール」を読んで話し合う。	
(1)　おじいさんから「はやく　ころして，らくに　してやろう」と聞かされたフローレンスはどう思ったか。 　・殺すなんてかわいそう。 　・羊飼いのために頑張っていたのに。	・主人公に共感させ，身近な動物の命が絶たれるかもしれないことへの悲しみや怒りを考えさせる。
(2)　湿布をして犬の足を冷やしながら，フローレンスはどんなことを思っていたか。 　・足はきっと治るから死なないで。 　・だいじょうぶだよ。私が治してあげる。	・主人公の行動から，何としても犬を救いたいという強い思いを考えさせる。
(3)　犬の足が治ったとき，おじいさんはどんなことを思ったか。	・主人公の献身的な姿から，命を軽く考えていたことを悔やんでいるおじいさんの気持ちをを考えさせる。
・フローレンスありがとう。 　・羊が追えないからって殺すなんてよくなかった。 　・どんな命も大切なんだな。	
3　命を大切にしなければと思った経験を話し合う。 　○命を大切にしなければと思ったのはどんなときですか。 　・水やりを忘れて花が枯れてしまったとき。 　・飼っていた金魚が死んでしまったとき。 　・自転車で転んで大けがをしたとき。	・普段考えることの少ない「命の大切さ」に目を向けられるようにする。
4　教師の話を聞く。	・教師の体験談を話す。

●第2学年●

「ナイチンゲール」の発問構成　2
命を大切にすることを深く考え，生命の尊さを味わわせる発問構成

1　発問構成のポイント

　生命は尊いものであり，いかなるときも最優先されるべきものである。この資料では，献身的に看護するナイチンゲールの生き方を通して，そのことを感じ取らせていくが，一言で「大切に」といってもそれは容易なことではない。だれの心のなかにもある不安やあきらめなどの後ろ向きな気持ちについてもふれ，価値理解をより深めていく。

2　展開例

- ねらい：命あるものを最後まで守ろうとすることのすばらしさに気付き，自他の命を大切にしようとする心情を育てる。
- 学習指導過程

学習活動　主な発問と児童の反応	指導上の留意点
1　ナイチンゲールについて知る。 　○ナイチンゲールという人を知っていますか。 2　資料「ナイチンゲール」を読んで話し合う。 (1)　おじいさんから「はやく　ころして，らくに　してやろう」と聞かされたフローレンスはどう思ったか。 　・殺すなんてかわいそう。 　・羊飼いのために頑張っていたのに。 (2)　何度も何度も水を替え，食事もしないで犬の足を冷やしたフローレンスはどんな思いだったか。 　・もうだめかもしれない。本当に治るのかな。 　・足はきっと治るから死なないで。 　・大丈夫だよ。私が治してあげる。 (3)　犬の足のはれが引いたとき，フローレンスはどんな気持ちだったか。 　・元気になってよかった。殺されなくてよかった。 　・あきらめずに冷やして，治ってよかったな。 3　命を大切にしなければと思った経験を話し合う。 　○命を大切にしなければと思ったのはどんなときか。 　・水やりを忘れて花が枯れてしまったとき。 　・飼っていた金魚が死んでしまったとき。 　・自転車で転んで大けがをしたとき。 4　ナイチンゲールの生涯についての話を聞く。	 ・主人公に共感させ，身近な動物の命が絶たれるかもしれないことを知ったときの思いを共感させる。 ・自分のことを後回しにしてまで手当てをする必要があったのか，主人公に不安やあきらめはなかったのかを尋ね，たいへんさを乗り越えて懸命に命を救おうとした主人公の気持ちを，より深く考えさせる。 ・一つの命を救えた喜びを味わえるようにする。 ・普段考えることの少ない「命の大切さ」に目を向けられるようにする。 ・ナイチンゲールの生き方にふれる。

3－(1) 生命尊重

（松原　雅恵）

14　3　主として自然や崇高なものとのかかわりに関すること

(1) 生きることを喜び，生命を大切にする心をもつ。
「ハムスターの　あかちゃん」／「がんばれアヌーラ」

1　生命尊重に関する内容

　今回の学習指導要領改訂において，全学年の重点内容になっているのが生命尊重である。生命尊重の重要性については，強調してもしすぎることはない。子どもの自殺やいじめにかかわる問題などを考えるとき，この生命尊重が重要な位置を占める。子どもになぜ生命は大切なのかを実感的にとらえさせることが重要である。

　生命は，人間のみではなく，すべての生命を含んでいる。人間の生命があらゆる生命との関係や調和のなかで存在し生かされていることを自覚することによって，生命あるすべてに対する感謝や思いやりの心を育み，より深く自己を見つめながら，人間としてのあり方や，生き方の自覚を深めていくことができる。3－(1)の内容は，人間の生命に焦点化してとらえることになる。人間の生命をとらえる視点としては様々あるが，次の3点でとらえたい。①個別性という視点での「唯一無二の生命」，②空間的な視点での「支えられ，生かされる生命」，③時間的な視点での「過去から未来へと受け継ぐ生命」である。これらを関連的にとらえることで，自他の生命を尊重する心を育むことができる。

2　低学年の生命尊重にかかわる指導

　低学年の児童にとって生命を実感的にとらえさせるのは難しい。生命の尊さを知的に理解させるというより，生活経験のなかで生きていることを感じ取ることが中心となる。例えば体には温もりがあり，心臓の鼓動が規則的に続いている。夜にはぐっすり眠り，朝は元気に起きることができる。このような普段当たり前だと思っている事象に目を向けさせ，生きる証としてとらえさせ，生きる喜びを感じさせることが大切である。

　3－(1)の指導としては，生活科の「成長への喜び」で保護者に取材して得られた児童の誕生や成長の過程での具体的なエピソードなどと関連させることで，かけがえのない生命（個別性），支えられている自分（関係性）を感じ，生命の大切さを実感させることが可能である。このような生活科の学習体験で，子どもが抱いた生命誕生の感動，誕生時の危機に対する驚き，保護者のかかわりへの感謝などを道徳的価値への意識を道徳の時間のなかで具体的エピソードとして生かしていくことが必要である。

3－(1)：他の関連資料
- 「みかちゃんのおべんとう」　文部省『小学校　生命を尊ぶ心を育てる指導』
- 「もう　ひといき　だけど」　文部省『小学校　生命を尊ぶ心を育てる指導』

第1学年	「ハムスターの　あかちゃん」
	出典：文部省『小学校　読み物資料とその利用「主として自然や崇高なものとのかかわりに関すること」』

1．資料の概要

　ハムスターの赤ちゃんが生まれた。生まれたての赤ちゃんは，とても小さく，毛も生えていないし，目も開いていない。弱々しくて，きちんと育つか心配だ。そんな赤ちゃんを母親は優しく口にくわえて新しい巣に運んでいく。宝物を運ぶみたいに。生まれて10日たつと，赤ちゃんの体がとても大きくなり，毛が生えて模様もわかるようになった。その模様は，一匹一匹異なる。
　そんなハムスターの成長をみんなが見守っている。

2．資料の特質

　本資料は，ハムスターの誕生や成長の様子を温かな目で見つめ，同じ生命をもつ小動物であるハムスターと自分とを重ね合わせ，生命の大切さをとらえることができる資料である。ハムスターに語りかけるような書きぶりになっている。ハムスターの赤ちゃんを慈しみ，大切に育てる母親ハムスターの姿は，自分もきっとこのように守られ，育てられたのだろうという子どもの成長過程との重なりがわかり，母親に実際に聞いてみることで道徳の時間の学習後に家庭とのつながりも期待できるであろう。

第2学年	「がんばれアヌーラ」
	出典：光村図書『きみがいちばんひかるとき』（2年）

1．資料の概要

　重い病気にかかった象のアヌーラを，飼育員さんが徹夜で看病していた。看病のかいもなく，アヌーラは弱っていく。アヌーラはつらそうに，壁にもたれたり，鼻を柵に巻いたりして何とか立っている。象が横になるのは死ぬのと同じだ。それを見ていた象のガチャコとタカコが，アヌーラの両側から体を寄せて，アヌーラが倒れないように支え始めた。この2頭はアヌーラの病気がよくなり始めるまでの3週間，片時も離れず支え続けた。なんとか生きてほしいというみんなの願いが通じたのか，アヌーラはすっかり元気になった。

2．資料の特質

　本資料は，①かけがえのない生命を大切にするという生命の個別性にかかわる視点と，②人間だけではなく，生命をもったすべての生命は尊重されるべきで，生命の危機に瀕している動物を救いたいという思いは人間も動物も同じだという，生命の関係性の二つの視点がある。
　病気で苦しむアヌーラをなんとか救いたいと懸命にかかわる飼育員さんと，苦しむ仲間を励ましたいというガチャコとタカコの姿を通して，生命の大切さをとらえる感動的な資料であり，資料に対する子どもの素直な感動を授業に生かしたい。

●第1学年●

「ハムスターの あかちゃん」の発問構成 1
語りかけることで生命の大切さを味わわせる発問構成

1 発問構成のポイント

本時では，ハムスターの成長にかかわる絵をもとに時間軸で語りかけていく。ハムスターの成長の様子を温かな目で見る主人公がハムスターに語りかけることを通して，生命あるものの尊さを感じ，大切にしようとする心情を育てたい。保護者参観の時間が活用できれば，子育てをする母親の気持ちなどもインタビューしながら，授業を展開させることも可能である。

2 展開例

- ねらい：身近な生き物の誕生や成長の様子を知り，生命あるものの尊さを感じ，生命を大切にしようとする心情を育てる。
- 学習指導過程

学習活動　主な発問と児童の反応	指導上の留意点
1　身近な動物の赤ちゃんについて，自由に発表し合う。 ○動物の赤ちゃんを見たことがありますか。 2　資料「ハムスターの あかちゃん」を読んで話し合う。 (1) おかあさんのお乳を飲んでいる生まれたばかりの赤ちゃんにお話しましょう。 ・元気に生まれてきたね。 ・お乳を一所懸命すっているね。 (2) 口にくわえられている赤ちゃんにお話しましょう。 ・首をくわえられて痛くないのかな。 ・おかあさんが守ってくれているね。 (3) ハムスターの赤ちゃんにお話しましょう。 ・大きくなったね。 ・毛の模様が一匹一匹違うって不思議だね。 ・おかあさんと兄弟たちと一緒であたたかいね。 (4) これから大きくなる赤ちゃんにお話しましょう。 ・頑張って大きくなってね。 ・ぼくも負けずに大きくなるよ。 ・早く一緒に遊ぼうね。 3　身近な生き物から，生命のすばらしさや不思議さを感じた体験について話し合う。 4　教師の体験談を聞く。	・『心のノート』の動物の赤ちゃんを提示し，小さな生命への素直な感動を表出させる。 ・誕生の様子や不思議に思ったことを自由に発言させる。 ・資料の挿絵やハムスターのぬいぐるみなどの具体物を提示し，場面ごとにハムスターの赤ちゃんに語りかけるようにする。 ・ハムスターの赤ちゃんの小さくても懸命に生きている様子に着目させ，自分の生命と重ねて考えられるようにする。 ・小さなハムスターの赤ちゃんが大きくなり，一匹一匹違う模様になっていることに着目させるとともに，一匹一匹個別の生命をもっていることをとらえさせる。 ・これから大きくなる赤ちゃんの成長に対して，自分の成長と重ねられるように，「ぼくも○○」などと付け加えて言うように助言する。 ・様々な動物にある生命ということを写真をもとに視覚的にとらえさせる。 ・生命のすばらしさについて話すようにする。

●第1学年●

「ハムスターの　あかちゃん」の発問構成　2
生命の誕生から成長の喜びを味わわせる発問構成

1　発問構成のポイント

本時では，ハムスターの成長の様子を温かな目で見る母親の視点に立ち，かけがえのない生命を育む母親の思いになって考えさせたり，たくましい生命をもって誕生した赤ちゃんの生命力について考えさせたりする発問構成をとる。

2　展開例

- ねらい：生命のたくましさと生命を育む尊さから生命を大切にしようとする心情を育てる。
- 学習指導過程

学習活動　主な発問と児童の反応	指導上の留意点
1　動物ってすごいなあと思うことを自由に発表し合う。 　○生き物ってすごいなあと思うことがありますか。 2　資料「ハムスターの　あかちゃん」を読んで話し合う。 (1)　ハムスターのおかあさんになって赤ちゃんに話しかけてみましょう。 〈生まれたばかりのハムスターの赤ちゃん〉 　・元気に生まれてきたね。 　・小さいのに元気にお乳を飲んでいるね。 〈おかあさんが赤ちゃんをくわえて運んでいるところ〉 　・前歯は強く，赤ちゃんに毛がない。だから，そっと噛んでけがをしないように気を付けているよ。 　・守ってくれているよ。 　・赤ちゃんは，おかあさんの宝物。 〈生まれて10日たったハムスターの赤ちゃん〉 　・大きくなって，毛も生えてきたね。 　・毛の模様が一匹一匹違うって不思議。 　・兄弟たちと一緒に気持ちよさそう。 (2)　これから大きくなる赤ちゃんにお話しましょう。 　・大きくなってね。　・早く一緒に遊ぼうね。 　・ぼくも負けずに大きくなるよ。 3　身近な生き物から，生命のすばらしさや不思議さを感じた体験について話し合う。 4　教師の体験談を聞く。	・『心のノート』の動物の赤ちゃんを提示し，生命にかかわる考えを発表させる。 ・生き物の誕生の様子や成長についての感動を自由に発言させる。 ・資料にあるハムスターの赤ちゃんの挿絵を提示し，心に残った場面を選んで紹介するようにさせる。 ・紙芝居の絵や実物大のハムスターの親と赤ちゃんの絵を示して，小さく弱々しい姿をとらえさせる。 ・おかあさんが赤ちゃんを世話している挿絵をもとに，母親が宝物のように我が子を育てている様子をとらえさせる。 ・挿絵をもとに，毛も生え，しっかり成長したハムスターの赤ちゃんの様子をとらえさせる。 ・10日経った頃と生まれたての頃の挿絵を比較させ，生命のたくましさを感じ取らせる。 ・これから大きくなる赤ちゃんの成長に対して，自分の成長と重ねられるように，「ぼくも○○」などと付け加えて言えるように助言する。 ・ハムスターの赤ちゃんだけではなく，様々な動物にある生命ということを写真をもとに視覚的にとらえさせる。 ・生命のすばらしさについて話すようにする。

3-(1)　生命尊重

●第2学年●

「がんばれアヌーラ」の発問構成　1
生命の大切さと生きる喜びを味わわせる発問構成

1　発問構成のポイント

　本時では，動物園を見守る飼育係の目から，アヌーラが懸命に生きようとする姿，生命の危機に瀕した仲間を支え続けるガチャコとタカコの姿を通して，生命あるすべての生き物の生命の尊さを感じ，自他の命を大切にしていこうとする心情を育てる発問を構成する。

　発問は，資料を時間軸で追いながら懸命に生きようとするアヌーラと，それを支える仲間の姿を見守る飼育員の心情にせまりたい。

2　展開例

- ねらい：一つの命の尊さと生きる喜びを知り，生命を大切にしようとする心情を育てる。
- 学習指導過程

学習活動　主な発問と児童の反応	指導上の留意点
1　身近な動物の赤ちゃんについて，自由に発表し合う。 ○動物の赤ちゃんを見たことがありますか，それはどんな様子でしたか。 2　資料「がんばれアヌーラ」を読んで話し合う。 (1) 次第に弱っていくアヌーラの姿を見た飼育員さんはどんなことを考えたか。 ・アヌーラ生きてくれ！ ・もうこれまでか。でもあきらめたくない。 (2) アヌーラを支え続けるガチャコとタカコの様子を見た飼育員さんはどんなことを思ったか。 ・ガチャコもタカコもアヌーラを支えてくれるのか。 ・みんなで一つの生命を大切にしたい。 ・ありがとうガチャコ，タカコ。 (3) 元気になったアヌーラに対して飼育員さんはどんな思いだったか。 ・助かって，本当によかった。 ・ガチャコとタカコのおかげだね。 ・アヌーラはたった一つの生命。大切なんだ。 3　身近な生き物から，生命のすばらしさや不思議さを感じた体験について話し合う。 4　教師の体験談を聞く。	・『心のノート』の動物の赤ちゃんを提示し，生命のかけがえのなさ，尊さを明らかにさせる。 ・誕生の様子や不思議に思ったことを自由に発言させる。 ・アヌーラはつらそうに，壁にもたれたり，鼻を柵に巻いたりして何とか立っている様子を見ている場面を提示し，そのときの飼育係の心情を発言させる。 ・象の体重を示し，横になることで体重が内臓を圧迫して死に瀕してしまうことをとらえることができるようにする。 ・生命の危機を脱したアヌーラの様子から生命のあるすべての生き物を大切にしようとする気持ちをメッセージにこめることができるようにする。 ・象だけではなく，様々な動物にある生命ということを写真をもとに視覚的にとらえさせる。 ・生命のすばらしさについて話すようにする。

●第2学年●

「がんばれアヌーラ」の発問構成　2
生命の尊さに対する多様な感じ方，考え方に出会わせる発問構成

1　発問構成のポイント

本時では，懸命に生きようとするアヌーラの様子を祈るように見守る仲間や飼育係の立場から，資料のなかで感動した場面を絵をもとに出し合うことで，生命あるすべての生き物の生命の尊さを感じることができるようにする。

生命の危機に瀕し，必死で生きようとするアヌーラを放っておけずに支え続けるガチャコとタカコの様子に焦点をあて，役割演技でそのときの様子を再現し，かかわり合い，支え合う生命を体感的にとらえることができるようにする。

2　展開例

- ねらい：生きているものすべての生命の尊さを知り，生命を大切にしようとする心情を育てる。
- 学習指導過程

学習活動　主な発問と児童の反応	指導上の留意点
1　動物ってすごいなあと思うことを自由に発表し合う。 ○動物や人など生き物ってすごいなあと思うことがありますか。それはどんなことですか。 2　資料「がんばれアヌーラ」を読んで話し合う。	・『心のノート』の動物の赤ちゃんを提示し，生命のかけがえのなさ，尊さを明らかにさせる。 ・誕生の様子について不思議に思ったことを自由に発言させる。
(1)　「がんばれアヌーラ」を読んで，ガチャコとタカコは，アヌーラの姿を見てどんなことを考えたか。	・アヌーラの挿絵をもとに心に残った場面を選んで紹介するようにさせる。
〈壁にもたれたり，鼻を柵に巻いたりしているアヌーラの姿〉 ・必死に生きようとしている。 ・横にならないようにつらくても頑張っている。 ・何とかできないものだろうか。	・象の体重を示し，横になることで体重が内臓を圧迫して死に瀕してしまうことをとらえることができるようにする。 ・どうしてそこまでしてガチャコとタカコが支え続けたのか知りたいという子どもの素直な疑問を大切にし，焦点化する。
(2)　ガチャコとタカコはどんなことを考えて支え続けたのだろうか。 ・仲間を放っておけない。何とか助けたい。 ・生命はたった一つ。みんなで守りたい。	・アヌーラ，ガチャコ，タカコの三者の役割演技を見せることで，苦しむ仲間を放っておけず，生命を守ろうと必死に支える2頭と，それに応えようと懸命に頑張るアヌーラの様子をとらえさせる。（支え合う生命）
3　身近な生き物から，生命のすばらしさや不思議さを感じた体験について話し合う。	・象だけでなく，様々な動物にある生命ということを写真をもとに視覚的にとらえさせる。
4　教師の体験談を聞く。	・生命のすばらしさについて話すようにする。

（木下　美紀）

⑮ ⑵ 身近な自然に親しみ，動植物に優しい心で接する。

3 主として自然や崇高なものとのかかわりに関すること

「あっ，たすけて」／「がんばれ！　くるまいすの　うさぎ　ぴょんた」

1　自然愛護に関する内容

　人間は自然の中で生かされている。古くから自然の恩恵を授かり，互いに調和を図りながら生活をしてきた。しかし，科学技術が進歩するにつれて，自然環境を破壊したり，人間だけに都合のよいように動植物を独占したりするようになってしまった。人間と自然・動植物がこれからも共存していくためには，自然愛・動植物愛護におけるよりよいあり方を常に問い続けていく必要があると考える。

　また，社会全体に目を向けると，テレビゲームやパソコンの普及にともなって，児童が学校生活以外で自然や動植物と触れ合う機会が減少している傾向にある。自然に親しみ，動植物をいとおしむことができる優しい心を育むためには，今後より一層充実した支援や働きかけが必要不可欠なものとなっている。

2　低学年の自然愛護にかかわる指導

　低学年の児童は動植物に対し，高い興味・関心をもっている。しかし，その興味・関心の高さが，動植物の命を愛する心情や大切にしようとする態度に直結していない場合も少なくない。だからこそ，動物を飼ったり，植物を育てたりする経験を通して，大切な命があることや成長していることに気付かせ，それらに対する優しい心を養うことが求められるのである。

　3－⑵の内容項目にかかわる指導として，生活科の内容の⑹身近な自然を利用することや，⑺動物を飼ったり，植物を育てたりすることがあげられる。これらの学習を通して感じたことをより深めたり，一つ一つの学習活動を自己とのかかわりのなかで全体的なつながりとしてとらえ直したりする時間として，本価値をねらいとする道徳の時間をより一層充実したものとしていく必要がある。

3－⑵：他の関連資料

- 「赤いくさのめ」　文部省『小学校　道徳の指導資料　第3集』(2年)
- 「しいの木のおか」　文部省『小学校　読み物資料とその利用「主として自然や崇高なものとのかかわりに関すること」』

第1学年　「あっ，たすけて」

出典：文部省『小学校　道徳の指導資料とその利用　2』

1．資料の概要

　ぴょん太，ぴょん吉，ぴょんすけ，ぴょん子は，道ばたの池に住んでいた。長い時間をかけて，やっとかえるになれた兄弟たちは，小さな石，大きな石，赤い花びら等を跳び越して，大喜びをしていた。
　そんななか，広い世界を初めて跳ね回ったうれしさと楽しさから，ぴょん子がみんなとはぐれてしまう。そこへ，ランドセルを背負った子どもたちがやって来て，ぴょん子を勢いよくすくい上げてしまう。急に捕まえられたぴょん子は目をまわす。こわくなって逃げようとするが，まっくら闇で動くこともできず，声も出すことができない。そのとき…
　「かわいそうだよ。はなして　やれよ。」
　一人の男の子がそう言った。

2．資料の特質

　資料の中心となる登場人物は，かえるの兄弟である。とくに，男の子に捕まってしまったぴょん子の心情を考えさせることで，小さくても一所懸命に生きている命について考えさせたい。また，一人の男の子が発する「かわいそうだよ。はなして　やれよ」という最後の場面や，あえて資料の結末が明記されていない点を活用して，ねらいとする道徳的価値の自覚を深めることができる資料である。

第2学年　「がんばれ！　くるまいすの　うさぎ　ぴょんた」

出典：学校図書『かがやけ　みらい』（1年）

1．資料の概要

　あおのやま保育園に，ぴょんたといううさぎがやって来た。みんなは，ぴょんたが大好きだった。
　そんなある日，ぴょんたが大けがをして，腰も後ろ足も動かなくなってしまった。治らないかもしれないと先生に言われても，子どもたちは諦めずに，一所懸命に世話をした。また，「少しでも体を動かせたら，容態はよくなるかもしれない」というお医者さんのお話を聞いて，町の木工所でぴょんた用の車椅子も作ってもらった。当初は，なかなか動けないぴょんただったが，みんなのお世話のおかげで少しずつ動けるようになり，元気を取り戻し始めた。ぴょんたは，それから5か月間生きた。
　最後までぴょんたが一所懸命に生きたことを，保育園のみんなは知っている。

2．資料の特質

　本資料は，一所懸命に生きようとする命を尊び，大切に育てようとする心情，最後まで全力で生き抜いた命を慈しむ心情など，児童一人ひとりの自然愛・動植物愛護にかかわる価値観に基づく心情や判断が登場人物に託して語られる資料である。ぴょんたをいとおしむ園児たちの心の動きを中心に追う発問にするか，ぴょんたの命にかかわり寄り添って，優しく接する園児たちの考えを追う発問にするかで，発問構成の異なる授業を展開することができる。

●第1学年●

「あっ，たすけて」の発問構成　1
動植物の気持ちを察し，優しく接する心を育む発問構成

1　発問構成のポイント

かえるの兄弟に託して思いを語らせることを中心とした発問構成である。動植物の立場になって気持ちを考えられるようになることが，それらのもつ命を大切にする第一歩であると考える。この発問構成では，一所懸命に生きている動植物の気持ちを考えさせることを通して，動植物への親しみやそれらを愛する心情を育てることを意図している。

2　展開例

- ねらい：動植物の気持ちを考え，愛情をもって優しく接しようとする心情を育てる。
- 学習指導過程

学習活動　主な発問と児童の反応	指導上の留意点
1　自分の身の回りの動植物を想起する。 　○みんなのまわりには，どんな動物や植物がいるか。 　　・あさがお　・たんぽぽ　・犬　・猫　・うさぎ	・生活科や日々の生活を通して触れ合った動植物を想起させ，資料への導入とするとともにねらいとする道徳的価値への方向付けを図る。
2　資料「あっ，たすけて」を読んで，話し合う。 (1)　長いことかかってやっとかえるになった兄弟たちは，どんな気持ちだったのだろうか。 　・うれしいなあ。やったあ。 　・やっと外の世界を跳び回ることができるぞ。	・長い時間かけてかえるになった喜びやうれしさを想像させる。
(2)　まっくら闇で動けず，声も出せないとき，ぴょん子はどんな気持ちだったのだろうか。 　・助けて。せっかくかえるになったばかりなのに。 　・どうなってしまうの。もう兄さんと会えないかな。	・捕まったぴょん子の気持ちを考えさせることで，小さくても一所懸命に生きている命について感じ取らせる。
(3)　「かわいそうだよ。はなして　やれよ。」という言葉を聞いたぴょん子はどんな気持ちにだっただろうか。 　・優しい男の子，本当にありがとう。 　・助かったよ。これでみんなのところに戻れるよ。	・人間にとっては逃がすというささいな行為だが，動物にとってはもっと大きな意味をもっていることを想像させる。
3　自分の経験を振り返り，話し合う。 　○今までどんな動物や草花と触れ合ってきたのか。そのとき，動物や草花はどんな気持ちだったと思うか。 　・あさがおに毎朝水やりをしていたら，きれいに咲きました。うれしそうに笑っているようでした。	・今までの経験を振り返ることで，動植物の気持ちを自分とのかかわりのなかで考えさせる。
4　教師の説話を聞く。	・教師が小学生時代に動植物を育てた話をする。

●第1学年●

「あっ，たすけて」の発問構成　2
動植物の命の大切さを感じ，優しい心で接しようとする態度を育てる発問構成

1　発問構成のポイント

　かえるの兄弟のまわりにいる男の子たちの気持ちを中心に考えさせる発問構成である。かえるを捕まえる男の子の気持ちを考えさせることを通して，「かわいそうなのはわかっているが，ついやってしまう」という人間理解を深める。また，「かわいそうだよ。はなしてやれよ」という男の子の気持ちを考えさせることで，ねらいとする道徳的価値の理解につなげていく。人間側の心情を中心に考えさせることで，動植物へ優しい心で接しようとする態度を育むことができる発問構成になると考える。

2　展開例

- ねらい：動植物の命の大切さに気付き，優しい心で接しようとする態度を育てる。
- 学習指導過程

学習活動　主な発問と児童の反応	指導上の留意点
1　自分の身の回りの動植物を想起する。 　○みんなは今までにどんな動植物を世話してきたか。 　　・あさがお　・ひまわり　・虫　・犬　・うさぎ 2　資料「あっ，たすけて」を読んで，話し合う。 (1)　初めて広い世界を跳び回っているとき，かえるの兄弟たちは，どんな気持ちだったのだろうか。 　　・自由に跳び回ることができるぞ。うれしい。楽しい。 　　・長い間頑張ってきて，よかったなあ。 (2)　男の子はどんな気持ちで，かえるを捕まえたのだろうか。 　　・自分だけのものにして，家で飼いたいな。 　　・少しかわいそうだけれど，何かおもしろそうだなあ。 (3)　どんな考えから，男の子は「かわいそうだよ。はなして　やれよ。」と言ったのだろうか。 　　・人間と同じようにかえるの気持ちも考えようよ。 　　・閉じこめられて，困っているはずだよ。 3　自分の経験を振り返り，話し合う。 　○今までどんな動物や草花を育ててきたか。世話をしながら，どんな気持ちになったか。 4　教師の説話を聞く。	・今までにお世話してきた動植物を想起させることで，資料への導入およびねらいとする道徳的価値への方向付けを図る。 ・どんなに小さな命でも，誕生に対する感動や生きている喜びを感じていることを想像させる。 ・わかっているけれどやってしまうという人間の弱さを引き出し，人間理解を深めさせる。 ・その言葉を発するまでの男の子の葛藤をおさえることで，動植物を大切に思う気持ちの強さをしっかりとおさえ，価値理解を深められるようにする。 ・今までに動植物を優しく育ててきた経験，育てられなかった経験に加えて，そのときの自分自身の心情も問うようにする。 ・同じ学級や小学校の子どもたちが，動植物に優しく接している様子を紹介する。

●第2学年●

「がんばれ！ くるまいすの うさぎ ぴょんた」の発問構成　1
動植物をいとおしむ優しい心を育む発問構成

1　発問構成のポイント

　本時の場合，中心発問で資料の登場人物に直接語りかける発問をすることで，児童一人ひとりの多様な感じ方を引き出し，ねらいとする道徳的価値の自覚を深めることができると考える。
　一方で，このような主人公に直接語りかける発問や主人公に手紙を書かせるような発問は，主に展開前段で活用し，価値の一般化を図る段階である展開後段では活用しない。それは，こうした発問に対する児童の発言は，資料内の特定場面に限定されるうえに，児童の経験とつなげにくく，ねらいとする道徳的価値を一般化させることが難しいからである。

2　展開例

- ねらい：動植物が一所懸命に生きていることを感じ，親しみをもって優しく接しようとする心情を育てる。
- 学習指導過程

学習活動　主な発問と児童の反応	指導上の留意点
1　児童が今までに動植物と触れ合った場面を紹介する。 ・生活科で育てたあさがお。 ・飼育小屋で触れ合ったうさぎ。	・今までにお世話してきた動植物を想起させることで資料への導入およびねらいとする道徳的価値への方向付けを図る。
2　資料を読んで，話し合う。 (1)　ぴょんたが保育園へやって来たとき，みんなはどんな気持ちだったか。 ・かわいいなあ。たくさん世話をしたい。 ・毎日保育園へ行くのが楽しみになるよ。	・動植物のかわいさ，いとおしさを感じている園児の気持ちを想像させる。
(2)　くるまいすを作ってもらったのは，どんな気持ちからか。 ・何とかして動けるようにしてあげたい。 ・少しでも体が元気になるように。	・小さな命の大切さを感じ，何とかして助けてあげたいという素直な気持ちを引き出す。
(3)　最後まで一所懸命に生きたぴょんたにどんなことを言ってあげたいか。 ・本当によく頑張ったね。思い出をありがとう。 ・ぴょんたのことを忘れないよ。	・たとえ5か月間でも，少ししか動けなくても，最後まで一所懸命に生きたぴょんたへの思いを考えさせることで，動植物にも命があることを自分とのかかわりのなかで考えさせる。
3　自分の経験を振り返り，話し合う。 ○みんなは，今までにどんな動物や草花を育ててきたか。育てながらどんなことを感じたか。	・導入で活用した写真を再度確認し，体験を振り返ることを促す。 ・自分自身の体験だけでなく，そのときの気持ちも想起させる。
4　教師の説話を聞く。	・教師が小学生時代に動植物を育てた話をする。

●第2学年●

「がんばれ！ くるまいすの うさぎ ぴょんた」の発問構成　2
動植物に寄り添って，優しく接することの大切さを考えさせる発問構成

1　発問構成のポイント

　動植物の命の大切さ，たった一つしかないというかけがえのなさに重点を置いて考えさせる発問構成である。そのため，生命尊重3－(1)との混同にはじゅうぶんに配慮しながら，焦点化して授業を展開していく必要がある。

　本時では園児がぴょんたのために，最善を尽くした行為とその行為がもたらした成果についても考えさせたい。また，中心発問では，ぴょんたが死んでからも，みんなの心に残っている温かい気持ちを引き出し，自然や動植物の命の不思議さを感じ取らせたい。

2　展開例

- ねらい：動植物の命の大切さを感じ，優しい心で接しようとする態度を育てる。
- 学習指導過程

学習活動　主な発問と児童の反応	指導上の留意点
1　学校にいる様々な動植物について紹介する。 　・桜　・銀杏　・金魚　・鯉　・亀　・うさぎ	・学校にいる児童にとって身近な動植物を写真で紹介することで資料への導入およびねらいとする道徳的価値への方向付けを図る。
2　資料を読んで，話し合う。 (1)　先生から「なおらないかも　しれません。」と言われたとき，みんなはどんなことを考えたか。 　・もうだめかもしれない。弱ってしまうのかな。 　・ぴょんたは頑張っている。助けてあげたい。	・とても残念に思う気持ちとそれでも生きているぴょんたの気持ちを考えようとする心の葛藤を想像させる。
(2)　歩き始めて，少しずつ元気になったぴょんたを見て，みんなはどんなことを考えたか。 　・元気になって，本当にうれしいな。 　・よかった。ぴょんたも頑張っているんだな。	・ぴょんたに愛情をかけて頑張った結果，元気を取り戻すきっかけとなったうれしさや喜びを想像させる。
(3)　ぴょんたがいなくなって，みんなはどんなことを考えたのだろうか。 　・ぴょんたは心のなかで生きているよ。 　・5か月間，最後まで一所懸命によく頑張ったね。	・ぴょんたが死んでからも，みんなの心に残っている温かい気持ちを引き出し，自分とのかかわりのなかで動植物の命について多様な感じ方，考え方を引き出す。
3　自分の経験を振り返り，話し合う。 　○今まで動物や草花に優しくできたこと，できなかったことはあるか。そのときはどんな気持ちだったか。	・できた経験とできなかった経験のどちらか，もしくはその両方の経験とそのときの気持ちを想起させる。
4　教師の説話を聞く。	・同じ学級や小学校の子どもたちが，動植物に優しく接している様子を紹介する。

（村上　桂一郎）

3 主として自然や崇高なものとのかかわりに関すること

16

(3) 美しいものに触れ，すがすがしい心をもつ。
「しあわせの王子」／「ななつぼし」

1 敬けんに関する内容

　科学の進歩が著しい現代であるが，人間の力ではどうしようもならない事象がたくさんある。その人間の力を超えた美しいものや崇高なものに出会ったとき，人間は感動したり，畏敬の念をもったりするのであるが，現代においてその体験は乏しいものとなっている。

　人間は生まれてから今まで，様々なつらさや苦しさを味わい体験してきた。しかし，人間はどんなに悪い状況でも自分本位ではない愛に満ちた心の状態を求めているのではないだろうか。科学によってすべてがかなってしまうと錯覚してしまう現在において，改めて人間のあり方が問われる。そのためにも崇高なものとの出会いが必要不可欠である。

　人間は常日頃，美しいものへの憧れをもっている。素直に感動する気持ちや気高いものや崇高なものに出会ったときの感動する気持ちなどを育てていくことが大切である。

2 低学年の敬けんにかかわる指導

　低学年の指導内容３－(3)は，「美しいものに触れ，すがすがしい心をもつ」となっている。この内容は，美しいものや崇高なものに対して感動する心や尊敬する心をもった児童を育てようというものである。

　この時期の子どもたちは，この時期特有の空想的な現象の世界に心から入り込み，楽しむことができる豊かな感受性をもっている。大人から見ると当たり前のことであっても，子どもたちは素直に感動し，受け止める力がある。その心を大切にして，様々な本の読み聞かせや，様々な事象に対しての取り上げ方を意識して指導する必要がある。しかしそのような指導を行っても，現代の多様化する生活環境や体験不足から，心洗われる体験や経験をする機会が少なくなり，子どもたちの感動体験も減ってきているのが現状である。

　このような子どもたちに，人間が本来もつ素直に感動する心を引き出し，人間の行為のなかには美しいものや崇高なものがあることに気付かせていくことが大切である。

３－(3)：他の関連資料

- 「お月さまがみている」　文部省『小学校　道徳の指導資料　第３集』（２年）
- 「田うえじぞう」　文部省『小学校　文化や伝統を大切にする心を育てる』

事例編　3　主として自然や崇高なものとのかかわりに関すること

第1学年	「しあわせの王子」

出典：文部省『小学校　道徳の指導資料　第2集』（2年）

1．資料の概要

　　ある街に幸福な王子の像が立っていた。両目にはサファイア，刀の装飾にはルビーが輝き，体は金箔に包まれていた。王子は街の人々の自慢だった。
　　渡り鳥のツバメが，王子の像の足元で寝ようとすると突然上から涙が降ってくる。王子はこの場所から見える不幸な人々に自分の宝石をあげてきてほしいとツバメに頼む。ツバメは言われたとおりに持っていく。南の国に行くことをやめ，街に残ることを決意したツバメは街中を飛び回り，両目をなくし目の見えなくなった王子にいろいろな話を聞かせる。王子はツバメの話を聞き，不幸な子どもたちに自分の体の金箔を剥がし分け与えてほしいと頼む。
　　まもなく冬が訪れ，ツバメは次第に弱っていき力尽きると，王子の身体も割れてしまう。その晩天使が降りてきて，幸せの王子の優しい心とツバメを抱きかかえ天へ昇っていった。

2．資料の特質

　見た目が美しい王子の像が，自己を犠牲にしながらも不幸な人たちに尽くす姿と，その心にうたれて王子に寄り添うツバメの姿に純粋に感動する資料である。王子は，人々のために不幸になるというのではなく，人が幸せになることが自分の幸せだと考えている。この資料の本当に美しいところはそこにある。王子やツバメの内面的な美しい心に共感し，すがすがしい心をもてるようにしていくことができる。

第2学年	「ななつぼし」

出典：文部省『小学校　道徳の指導資料　第2集』（1年）

1．資料の概要

　　何日も日照りが続き，水が不足したために草も木も枯れてしまったことがあった。
　　そんななか，一人の女の子が病気のおかあさんのために水を探しに出かける。木のひしゃくを持って家を出たが，疲れはてた女の子は倒れて寝てしまう。目覚めるとひしゃくには水があふれていた。女の子がその水を死にかかっている犬に分けてやるとひしゃくは銀色に変わる。家へ戻った女の子は母親に水を差し出す。母親が女の子に水を飲ませようとするとひしゃくは金色に変わる。そこへ旅人が来て女の子が旅人に飲ませようとすると，ひしゃくからは水があふれ，ダイヤモンドが空に飛び出した。それが北斗七星になった。

2．資料の特質

　トルストイ原作の童話である。女の子やおかあさんの相手のことを考えた行動と，それを支える優しい気持ちに感動する資料である。ひしゃくの色の変化やひしゃくから出て夜空に輝く星によって，行動と気持ちが巧みに表現されている。どうしてもその現象に注目されがちになるが，自分が死んでしまうかもしれない絶体絶命の状況においてでも相手のことを考える美しい心に着目することで純粋に感動する心を育てていくことができる。

3-(3) 敬けん

●第1学年●

「しあわせの王子」の発問構成　1
ツバメの美しい心から感動を深める発問構成

1　発問構成のポイント

　この資料のなかには様々な美しい心があるが，そのなかでもいちばん心が変化していった登場人物がツバメである。初めは，早く南の島に帰りたいと思っていたが，一回だけなら手伝おうという気持ちから助けていた。そのうちに王子の美しい心に惹かれ，一生王子の目になることを誓う。このツバメの気持ちの変化に着目させることで，資料のなかの美しい心にふれ，すがすがしい心をもつ心情を育てていきたいと考え，以下のような発問にした。

2　展開例

- ねらい：美しいものにふれ，すがすがしい心をもつ心情を育てる。
- 学習指導過程

学習活動　主な発問と児童の反応	指導上の留意点
1　「しあわせの王子」の王子の挿絵を見せる。 ○この王子の銅像を見てどんなことを思ったか。 ・なぜ泣いているのだろう。 ・立派な服を着ていてかっこいい。　・鳥がいる。 2　資料「しあわせの王子」を読んで話し合う。 (1)　ツバメが初めて王子の頼みを聞いたとき，どんなことを思ったのか。 ・自分でできない王子のために手伝ってあげよう。 ・早く南の国に行かなければ。 (2)　飛び立つことをやめたツバメはどんな気持ちだったのか。 ・王子の目になろう。 ・人のために行動する王子のために生きたい。 (3)　天使によって王子といっしょに天にのぼっていくツバメはどんな思いでいたか。 ・よいことをして幸せだった。 ・楽しい人生だった。 3　人の心が美しいと感じたことを発表し合う。 ○美しい心の人の話を聞いたことがあるか。 ・おかあさんが夜遅くまで家事をしてくれている。 ・毎朝地域のボランティアの人が立ってくれている。 4　教師の説話を聞く。	・「しあわせの王子」の王子の像の挿絵を見せることによって，どのような像なのか興味をもたせて資料への方向付けを行う。 ・紙芝居で資料提示を行い，登場人物に親近感をもたせる。 ・BGMを用いて感情をこめて語り聞かせる。 ・初めは1回だけ手伝ったら南の国に行こうとしていたツバメの気持ちを想像させる。 ・第一発問の際のツバメの気持ちと比較し，王子の心の美しさに気付かせる。 ・死んでしまう悲しさではなく，やりきった達成感に気付かせる。 ・優しさや思いやり，美しい心が見られた行動について考える。

●第１学年●

「しあわせの王子」の発問構成　２
王子の美しい心から感動を深める発問構成

1　発問構成のポイント

　本時では，美しさについて着目しながら発問を構成した。この資料の美しさは，王子もツバメも自己を顧みず，困っている人のために尽くすことである。しかし，それは自己犠牲の精神からではなく，困っている人のために尽くすことが自分にとっても幸せであるという気持ちからである。低学年では多少難しい発問構成ではあるが，王子の気持ち一つにしぼって，考えをまとめやすくした。美しさという共通事項を追いながら，自分のなかのすがすがしい心について考えさせたい。

2　展開例

- ねらい：美しいものにふれ，すがすがしい心をもつ心情を育てる。
- 学習指導過程

学習活動　主な発問と児童の反応	指導上の留意点
1　「しあわせの王子」の王子の挿絵を見せる。 ○この王子の像を見てどんなことを思ったか。 ・なぜ泣いているのだろう。 ・立派な服を着ていてかっこいい。　・鳥がいる。 2　資料「しあわせの王子」を読んで話し合う。 (1)　王子はどんな気持ちで困っている人たちを助けたのだろう。 ・宝石もらって元気になってほしい。 ・困っている人がいなくなってほしい。 (2)　金もすべてはがされた王子はどんな気持ちだったか。 ・この金がみんなの役に立ってほしい。 ・自分よりもみんなが幸せになってほしい。 (3)　「しあわせの王子」はどこが幸せだったのだろう。 ・人のために生きていたところ。 ・みんなを幸せにしていたところ。 3　人の心が美しいと感じたことを発表し合う。 ○人のために行動している人をいいなと思ったことがあるか。 ・おねえちゃんが食べないで私にくれた。 ・席を譲ってあげている人がいた。 4　教師の説話を聞く。	・「しあわせの王子」の王子の像の挿絵を見せることによって，どのような像なのか興味をもたせて資料への方向付けを行う。 ・絵本やBGMを使いながら資料提示を行い，感動的に読み聞かせる。 ・王子のもっている美しい心を想像しながら語らせたい。 ・ワークシートを使い，王子の気持ちになって考えさせる。 ・幸せの定義は1年生には難しいが，このお話の美しさを1年生なりの言葉で表現できるようにする。 ・死んでしまった王子は幸せだったことをおさえる。 ・優しさや思いやり，美しい心が見られた行動について考える。

3−(3)敬けん

●第２学年●

「ななつぼし」の発問構成　1
清らかな心にふれすがすがしさを味わわせる発問構成

1　発問構成のポイント

　女の子は美しい心の持ち主である。しかし，起きる出来事の度に自分も水が飲みたいという葛藤をしている。その女の子の気持ちになって学習を展開できるようにする。女の子の，水を飲みたいけれど，それ以上におかあさんを助けたいという気持ちをおさえつつ，ひしゃくから飛び出した星を見ている女の子の場面を中心として授業を展開する。

2　展開例

- ねらい：美しいものにふれ，すがすがしい心をもつ心情を育てる。
- 学習指導過程

学習活動　主な発問と児童の反応	指導上の留意点
1　夜空の星を見たときに感じたことを発表する。 ○夜空の星を見たとき，どんなことを思ったか。 ・ダイヤモンドみたいだった。　・とてもきれい。	・満天の星空の写真を見せ，美しさを共感できるようにする。夜空の星の美しさを思い出させることで資料への方向付けを行う。 ・BGMを用いて感情をこめて語り聞かせる。
2　資料「ななつぼし」を読んで話し合う。 (1)　女の子はどんな気持ちで水を探しに行ったのか。 ・おかあさんを助けたい。 ・水がないとおかあさんが死んでしまう。	・日照りが続いていることや女の子が一人で水を探しに行くたいへんさを想像させる。
(2)　ひしゃくに水がいっぱい入っているのを見たとき，女の子はどんなことを思ったか。 ・飲みたいな。　・おかあさんに持って行こう。	・女の子ものどがかわいていることを想像させる。
(3)　つばを飲み込んで旅人に水をあげたとき，女の子はどんな気持ちだったか。 ・私も飲みたいけれど，苦しそうだからあげよう。 ・どうしよう。	・おかあさんも自分も我慢しているときの女の子の気持ちを考えさせたい。
(4)　ひしゃくから飛び出した星を見て，女の子はどんな気持ちだったのか。 ・きれいだな。　・優しくしたから飛び出したのかな。	・女の子の清らかな心と行為が星を生んだことにふれさせ，感動を深める。
3　すがすがしさを味わった経験を話し合う。 ○物語ですがすがしい気持ちになったことはあるか。 ・「しあわせの王子」のツバメに感動した。 ・「大きなかぶ」でみんなが協力するところがえらいと思った。	・好きな物語などに登場する人物の美しい心にふれてすがすがしい気持ちになった経験を発表し合う。その際，話しやすい雰囲気づくりに留意し，自由な発言を促す。
4　教師の説話を聞く。	・教師自身が感じた自分の心のなかにあるダイヤモンドについて話す。

●第2学年●

「ななつぼし」の発問構成　2
清らかな心から美しいものが生まれることに気付かせる発問構成

1　発問構成のポイント

女の子の美しい心は，ひしゃくの色の変化やひしゃくから出て夜空に輝く星に象徴されている。そこで，ひしゃくの色が変化していく様子から，授業を受ける子どもたちに美しい心を感じさせるように学習を展開できるようにする。また，色が変わったわけを追うことで，多様な感じ方や考え方に出会わせ，他者理解を深めるようにしたい。

2　展開例

- ねらい：美しいものにふれ，すがすがしい心をもつ心情を育てる。
- 学習指導過程

学習活動　主な発問と児童の反応	指導上の留意点
1　夜空の星を見たときに感じたことを発表する。 ○夜空の星を見たとき，どんなことを思ったか。 ・いろいろな色があってきれい。　・星がきれい。 2　資料「ななつぼし」を読んで話し合う。 (1)　ひしゃくに水がいっぱい入っているのを見た女の子はどんなことを思ったのだろう。 ・飲みたいな。　・おかあさんに持って行こう。 (2)　旅人に「その　みずを　わしに　のませてくれ。」と言われたとき，女の子はどんな気持ちになったか。 ・おかあさんのためのお水だ。 ・旅人も死んでしまいそうだ。どうしよう。 (3)　ひしゃくの色が変わっていたのは女の子のどのような気持ちからだろう。 ・女の子の優しい気持ち。 ・女の子やおかあさんが自分のことより相手のことを思って行動していた思い。 3　すがすがしさを味わった経験を話し合う。 ○自分は我慢して人のためにしてあげたことはあるか。 ・おやつを食べたかったけど，妹にあげた。 ・のどがかわいていたけれど，自分は我慢して友達に飲み物をあげた。 4　教師の説話を聞く。	・満天の星空の写真を見せ，美しさを共感できるようにする。 ・夜空の星の美しさを思い出させることで資料への方向付けを行う。 ・BGMを用いて感情をこめて語り聞かせる。 ・女の子ものどがかわいているが，自分よりもおかあさんのことを思う女の子の美しい心を想像させる。 ・色の変化もしっかり確認していく。 ・ここでも，自分よりも他人である旅人を思う美しい心をとらえさせる。 ・不思議なことが起こった理由を考えることで，自己を見つめ直し，感動を深める。 ・優しさや思いやり，美しい心が見られた行動について考える。 ・教師自身が体験したすがすがしい心について話す。

（庄子　寛之）

17　4　主として集団や社会とのかかわりに関すること

(1) 約束やきまりを守り，みんなが使う物を大切にする。
「よりみち」／「いいのかな」

1　規則尊重に関する内容

　児童の規範意識の低下がさけばれるようになってひさしい。その背景として，児童が感化され影響を強く受ける社会全体の規範意識が低下していることがあげられる。他人のことを考えず，自らの利害損得を優先させるといった社会的風潮が，児童の規範意識にも大きな影響を与えているのである。学習指導要領においても，社会生活を送るうえで人間としてもつべき最低限の規範意識を確実に身に付けさせるということが強調されている。

　児童の規範意識を育むためには，まず約束やきまりを守ろうとする心を育成することが大切である。その過程で公徳心を養い，その精神を日々の生活のなかに生かしていこうとする心を育てる指導も大切である。また，約束やきまりを守ることで社会生活を円滑に送れるだけでなく，まわりの人を大切にすることにもつながるということもおさえたい。

2　低学年の規則尊重にかかわる指導

　低学年の児童は，まだ自己中心性が強く，自分勝手な行動をとることが多い。しかし，みんなで気持ちよく生活することの喜びを求める時期でもある。このことを考慮して，指導にあたっては，身近な社会生活における出来事などを取り上げながら，約束やきまりにはどのようなものがあるか考えさせたり，約束やきまりを守ることのよさを理解させたりしたい。そうすることで，規範意識の土台が形成されてくるのである。

　4−(1)にかかわる指導としては，まず生活科における「公共物や公共施設を利用し，身の回りにはみんなで使うものがあることやそれを支えている人々がいることなどがわかり，それらを大切にし，安全に気を付けて正しく利用することができるようにする」ことがあげられる。また，特別活動の学級活動における「心身ともに健康で安全な生活態度の形成」に関する学習や，学校行事における「健康安全・体育的行事」などの活動を通して，進んできまりを守ろうとする態度を育成することが求められる。

4−(1)：他の関連資料

- 「キリンさんごめんね」　文部省『小学校　社会のルールを大切にする心を育てる』
- 「おゆうぎかい」　文部省『小学校　社会のルールを大切にする心を育てる』

事例編　4　主として集団や社会とのかかわりに関すること

第1学年	「よりみち」
	出典：東京書籍『どうとく　みんな　なかよく』（1年）

1．資料の概要

　学校からの帰り道，みさきは友達のまりちゃんから「こいぬを　もらった」という話を聞く。みさきは子犬を見せてもらうために，まりちゃんの家に寄り道してしまう。気が付くと，4時になっていた。みさきが急いで通学路に出てかけ出したとき，向こうの方から先生と母親がやって来た。二人はすごい顔をしていた。みさきは思わず動けなくなってしまった。みさきは先生に抱っこされ，母親に「みさき」と呼ばれた。母親の目は，涙がいっぱいであった。

2．資料の特質

　児童にとって身近な，下校時の出来事をもとにした資料である。似たような経験をした子どももいるだろう。寄り道はいけないとわかっていながらも，子犬を見せてもらえるという目先の誘惑にとらわれ，結果として母親や先生を心配させてしまう主人公。そんな主人公の姿に，子どもたちは自分自身を重ね合わせて考えることができるであろう。母親や先生の顔を見てはっとする主人公の気持ちを考えさせることを通して，約束やきまりを守ることの大切さに気付かせることができる。

第2学年	「いいのかな」
	出典：教育出版『心つないで』（2年）

1．資料の概要

　主人公「ぼく」の学校では，休み時間になると一輪車置き場に子どもたちが殺到する。それほど一輪車が人気なのである。お気に入りの青の5番の一輪車に乗ろうとした「ぼく」であったが，あいにくすべての一輪車が使われてしまっていた。そのとき，友達のたつやが「こんな　ときの　ために……。」と言って，体育館の方に駆け出して行った。「ぼく」は，後を追いかけた。たつやは，体育館裏の草陰から，青の2番の一輪車を取り出した。他の人に使われないように，こっそりと一輪車を隠しておいたのである。一輪車の車輪はひどく汚れていた。青の2番の一輪車を見つめながら，「ぼく」は考え込むのであった。

2．資料の特質

　休み時間に使う一輪車の取り合いという，どの学校でも起こり得る出来事であり，児童にとって親しみやすい資料といえるだろう。

　一輪車を使いたいという自分の思いを優先してこっそりと一輪車を隠したたつやの行動を通して，きまりを守ることの大切さを考えさせることができる。また，土や草で汚れた一輪車を見つめる「ぼく」の気持ちを考えさせることを通して，公共物や公共の場所に意識を向けて，みんなで使う物を大切にしようとする心を育むことができる。

4-(1) 規則尊重・公徳心

●第1学年●

「よりみち」の発問構成　1

約束やきまりを守ることの大切さに気付かせる発問構成

1　発問構成のポイント

　本時ではまず，身の回りにはたくさんの約束やきまりがあるということをおさえる。そして，その約束やきまりを守らないと家族や先生などまわりの人々に大きな迷惑や心配をかけることにつながるということを感じさせ，約束やきまりを守ることの大切さに目を向けさせたい。そこで，目に涙をいっぱいためたおかあさんを見た「わたし」の気持ちを考えさせる場面を中心発問として授業を展開する。

2　展開例

- ねらい：約束やきまりを守ることの大切さに気付き，進んで守ろうとする心情を育てる。
- 学習指導過程

学習活動　主な発問と児童の反応	指導上の留意点
1　身の回りの約束やきまりを想起し，発表し合う。 ○学校や家にはどんな約束やきまりがあるか。 ・廊下は走らない。　・17時までに家に帰る。 2　資料「よりみち」を読んで話し合う。 (1) まりちゃんの家に寄り道をするわたしは，どんな気持ちだったか。 ・おかあさんにしかられてしまうかもしれない。 ・いけないってわかっているけれど，子犬を見たい。 (2) 通学路に出て駆け出したとき，わたしはどんな気持ちだったか。 ・ちょっとだけと思ったのに，遅くなってしまった。 ・どうしよう。急いで帰らないと。 (3) 目に涙をいっぱいためたおかあさんを見たわたしは，どんな気持ちだったか。 ・寄り道なんかしなければよかった。 ・おかあさんを心配させてしまった。 ・おかあさん，本当にごめんなさい。 ・もうこれからは，寄り道なんて絶対にしないよ。 3　約束やきまりを守ってよかった経験を発表し合う。 ○約束やきまりを守ってよかったと思ったことはあるか。そのとき，どんな気持ちがしたか。 4　教師の体験談を聞く。	・学校，家庭，地域に分けて，身の回りにある約束やきまりを考えさせる。身の回りには，たくさんの約束やきまりがあることに気付かせる。 ・資料提示の前に，わたしの気持ちになって話を聞くことをおさえる。 ・寄り道をすることがいけないことであるとわかっていながらも，どうしても子犬が見たくて寄り道をしてしまうわたしの心の弱さに目を向けさせたい。 ・様々な思いを巡らし焦るわたしに共感させる。 ・母親をどれだけ心配させてしまったのかを考えさせることを通して，きまりを守らないとまわりの人々に大きな迷惑をかけることに気付かせる。また，きまりを守ることの大切さにも気付かせる。 ・約束やきまりを守ることの大切さ，心地よさに目を向けさせる。 ・教師の小学校時代の逸話を話すようにする。

●第１学年●

「よりみち」の発問構成　２
約束やきまりを守ることに対する多様な感じ方，考え方に出会わせる発問構成

1　発問構成のポイント

　約束やきまりを守ることの大切さは，１年生の児童もわかっている。しかし，自分の思いを優先してしまうがために，ついつい約束やきまりを守れないこととある。そんな人間の心の弱さに目を向けさせながらも，約束やきまりを守ることの大切さをしっかりと感じさせたい。寄り道をしているときの「わたし」の気持ちを考える場面できまりに対する多様な感じ方や考え方に出会わせ，他者理解や人間理解を深めるようにしたい。

2　展開例

- ねらい：約束やきまりを守ることの難しさや大切さを知り，守ろうとする態度を育てる。
- 学習指導過程

学習活動　主な発問と児童の反応	指導上の留意点
1　寄り道をした（しようと思った）経験を発表する。 ○寄り道をした（しようと思った）ことはあるか。そのとき，どんな気持ちだったか。	・これまでの自分自身の経験を想起させ，寄り道をしたいという気持ちは，多くの人が思ったことがあるということを感じさせる。
2　資料「よりみち」を読んで話し合う。 (1)　まりちゃんから「こいぬを　もらったのよ。」と言われたわたしは，どう思ったか。 　・見たいなあ。　・抱っこさせてほしい。	・どうしても子犬を見たいわたしの気持ちをおさえる。
(2)　寄り道をしてまりちゃんの家に行くまでの間，わたしはどんなことを考えていたか。 　・寄り道していいのかな。やめようかな。 　・おかあさんにしかられるかもしれない。 　・ちょっとぐらいならいいかな。 　・どうしてもまりちゃんの犬を見たいな。	・寄り道をして子犬を見たいという気持ちと，寄り道をしてはいけないという気持ちで揺れるわたしに，深く共感させたい。きまりを守ることの大切さはわかっていながらも，なかなかできない人間の心の弱さにふれさせたい。
(3)　おかあさんと先生のすごい顔を見て動けなくなったわたしは，どんなことを考えていたか。 　・ごめんなさい。・寄り道なんかしなければよかった。	・自分のしてしまったことへの後悔の気持ちを浮き彫りにすることで，きまりを守ることの大切さに目を向けさせたい。
3　身の回りの約束やきまりについて想起し，守れたり守れなかったりした経験を発表し合う。 ○身の回りには，どんなきまりがあるか。それらのきまりを守れたか（守れなかったか）。	・身の回りにはたくさんの約束やきまりがあることに気付かせ，それらを守れたり守れなかったりした経験を振り返らせる。
4　教師の体験談を聞く。	・きまりを守ろうとしたけれど，難しかった経験を話すようにする。

4-(1) 規則尊重・公徳心

●第２学年●

「いいのかな」の発問構成　1
約束やきまりを守ることの大切さに気付かせる発問構成

1　発問構成のポイント

　約束やきまりを守ることの大切さは，２年生の児童もよくわかっている。そこで，約束やきまりは守るべきであるという児童の良心を引き出せるような場面を取り上げ，発問を構成する。中心発問では，「ほら，とって　おいたんだ。こうたいで　のろうよ。」と言うたつや君を見たぼくの気持ちを考えさせることを通して，約束やきまりを守らなければならないという気持ちをおさえたい。

2　展開例

- ねらい：約束やきまりを守ることの大切さに気付き，進んで守ろうとする心情を育てる。
- 学習指導過程

学習活動　主な発問と児童の反応	指導上の留意点
1　身の回りにあるきまりについて考え，発表し合う。 ○学校にはどんなきまりがあるか。 ・廊下は走らない。　・時間を守って行動する。 2　資料「いいのかな」を読んで話し合う。 (1)　一輪車が１台もないことがわかったとき，ぼくはどう思ったか。 ・乗りたかったのに。 ・別な遊びをするか。 (2)　「ほら，とって　おいたんだ。こうたいで　のろうよ。」と言うたつや君を見て，ぼくはどう思ったか。 ・みんなが乗りたい一輪車を隠しておくなんてずるい。 ・乗ってみたい気持ちもあるけれど…。いいのかな。 ・よかった，これでぼくも一輪車に乗れる。 (3)　ぼくは，青の一輪車がどんなことを言っているように思ったか。 ・やっぱり一人だけずるをするのはいけないことだ。 ・みんなで使う一輪車だから，きまりを守って使おう。 3　導入で想起した身の回りにあるきまりについて，守れたり守れなかったりした経験を発表し合う。 ○身の回りにあるきまりを守れたことはあるか（守れなかったことはあるか）。 4　教師の体験談を聞く。	・身の回りには様々なきまりがあることを理解させる。学校，地域，家庭に分けて考えさせたい。 ・資料提示の前に，ぼくの気持ちになって話を聞くことをおさえる。 ・楽しみにしていた一輪車で遊べないぼくの残念な気持ちをおさえる。 ・きまりを守ることの大切さはわかっていながらも，つい自分の気持ちを優先してしまう心の弱さにふれさせたい。 ・一輪車の立場になって考えさせることで，きまりを守ることの大切さに目を向けさせたい。 ・導入で発表したきまりについてふれさせ，それらを守れたり守れなかったりした経験を振り返らせる。そのときの気持ちについても尋ねる。 ・きまりを守ろうとしたけれど，難しかった経験を話すようにする。

●第2学年●

「いいのかな」の発問構成　2
規則尊重の価値から公徳心の価値まで広げる発問構成

1　発問構成のポイント

本資料は，みんなで使う物はきまりを守って使うという視点と，みんなで使う物を大切に使うという視点の二つで考えさせることができる。そこで，両方の視点から考えられるような発問構成にする。具体的には，一輪車を隠すたつやくんの気持ちと乱暴に扱われた一輪車の気持ちの両方からねらいに迫りたい。各発問で考えさせる対象が違うので，発問に入る前に「だれの気持ちを考えるのか」ということを，しっかりとおさえたい。

2　展開例

- ねらい：約束やきまりを守ることのよさや難しさにふれ，物を大切にする態度を育てる。
- 学習指導過程

学習活動　主な発問と児童の反応	指導上の留意点
1　公共物とその使い方について考え，発表する。 ○学校にある物で，みんなで使う物にはどんな物があるか。使うときに，どのようなきまりがあるか。 ・校庭の遊具。順番を守って使う。 2　資料「いいのかな」を読んで話し合う。 (1)　休み時間，学校のみんなはどんな気持ちで一輪車置き場に走っていくのだろう。 ・一輪車で絶対に遊ぶぞ。 ・早く行かないと，ほかの人に使われてしまう。 (2)　たつや君は草の中に一輪車を隠したとき，どんなことを考えていたか。 ・隠しておけば，ほかの人に使われなくてすむぞ。 ・本当はいけないけれど，やっちゃえ。 ・ほかの人に見つからなければ，いいかな。 (3)　ひどく汚れた青の2番の一輪車は，ぼくとたつや君に対してどんなことを言っていると思うか。 ・ぼくは，みんなに使ってもらいたいよ。 ・みんなで使う物だから，大切にしてほしいな。 3　公共物について，大切にできた経験を発表し合う。 ○みんなで使う物を大切にできたことはあるか。 4　教師の体験談を聞く。	・身の回りには，みんなで使う物がたくさんあり，それぞれにきまりがあるということを理解させたい。 ・考えさせる対象が異なるので，発問に入る前にだれの気持ちを考えるのかをおさえておく。 ・一輪車が学校のなかでとても人気があるという事実をおさえる。 ・きまりを守ることの大切さはわかっていながらも，なかなかできない人間の心の弱さなどにふれさせたい。 ・一輪車の立場になって言葉をかけることで，きまりを守ることやみんなで使う物を大切にすることに目を向けさせたい。 ・身の回りにあるたくさんの約束やきまりを守れたり守れなかったりした経験を振り返らせる。 ・公共物を大切にしている児童を取り上げ，価値づけることで，今後の実践意欲につなげる。

（海馬沢　一人）

18　4　主として集団や社会とのかかわりに関すること

(1) 約束やきまりを守り，みんなが使う物を大切にする。
「きいろいベンチ」／「おじさんの手紙」

1　公徳心に関する内容

　多様な価値観をもつ社会のなかでよりよく生きるためには，その社会における約束事を守る必要がある。これは比較的小さな社会である学級においても例外ではない。

　しかし，低学年の児童は，まだまだ自己中心性が強く，わがままな言動をすることも多い。正しい判断基準のないままに成長し，一人ひとりが自分勝手に行動するようになったとしたならば，その社会は崩壊することになろう。

　したがって，規則を尊重し，きまりを守ることの大切さに気付かせるとともに，公徳心をもち，みんなで使うものや場所を大切にしようとする気持ちを育てる重要な内容項目であると言える。

　きまりや公徳心，公共心は，人の行為を制限する面倒なものというとらえ方をしがちであるが，本来はその社会に属する人々全員が気持ちよく暮らすためのものであるということを感じさせるようにしたい。

2　低学年の公徳心にかかわる指導

　自己中心的な言動が抜け切れていない低学年児童の日常生活において，公徳心にかかわる指導を行う場面は多い。月目標や週目標などで「廊下や階段は走らず，右側を歩く」といったきまりが提示されることもあろう。また，「授業中勝手に教室内を立ち歩かない」，「発言は手をあげ，指名されてから」，「跳び箱の順番を待つときはこの位置で」といった学習規律についての指導，さらに「友達の持ち物を許可なく触らない」といったマナーに関する指導まで低学年のうちに計画的に行っていく必要がある。また，体育のゲーム領域の指導など，教科の指導においてもルールを守ることの大切さに気付かせる場面もある。

　これらの場において，そのつど対症療法的な指導を行っているだけではやがてそのメッキははがれおちてしまう。様々な場面で指導されてきた内容を，道徳の授業において補充・深化・統合し，自己の体験について振り返るなかで規則を尊重し，きまりを守ることの大切さに自ら気付くよう計画していきたい。

4-(1)：他の関連資料

- 「あぶら山」　文部省『小学校　読み物資料とその利用「主として集団や社会とのかかわりに関すること」』
- 「ごちそうさまの　あとで」　文部科学省『小学校　道徳　読み物資料集』

第1学年	「きいろいベンチ」
	出典：文部省『小学校　道徳の指導資料とその利用　1』

1．資料の概要

> ずっと雨が降り続いた後のひさしぶりの晴天の日。主人公の二人は，昨日作ったグライダーを遊園地に飛ばしに来た。低いところからではうまく飛ばないため，土手の上にある黄色いベンチの上から飛ばすことにした。高いところから飛ばすとグライダーは気持ちよく飛んでいき，二人は夢中で飛ばす。しかし公共物の使い方について深く考えていなかったために，ベンチは二人の靴跡で，汚れてしまう。やがて，おばあさんと二人で遊園地にやってきた小さな女の子が，二人が汚したベンチに座ったために泥で服が汚れてしまう。おばあさんはびっくりして，すぐに女の子のスカートの汚れを落とす。その様子を見て，二人はどきっとする。

2．資料の特質

　みんなで使う場所や物を大切にできなかった二人の男の子を主人公とした資料である。二人の行動を通じて，みんなで使う物を大切にしないと他者に迷惑をかけてしまうことについて考えさせるように構成されている。遊んでいるうちに夢中になってルールを破ってしまうことは，この時期の児童だれにも起こり得ることであるため，どの児童にとっても想起しやすい内容となっている。

第2学年	「おじさんの手紙」
	出典：文部省『小学校　道徳の指導資料とその利用　2』

1．資料の概要

> 　ある学校へ「おじさん」と名乗る方から手紙が届く。そこには，先日出かけた遠足の日の出来事が書かれていた。
> 　子どもたちの集団が乗って来たときに，「ああ，いやだな。」と思って迷惑を被ることを覚悟したおじさんの気持ちが，子どもたちの様子によって変化する。子どもたちは，電車内で大騒ぎせず，頑張って静かに乗っていたからだ。そんな子どもたちの姿を見ていたおじさんは，子どもたちが乗ってきたときに「ああ，いやだな。」と感じた自分を恥じるとともに，自然に笑顔になっていき，その日一日なんとなく愉快な気分になる。

2．資料の特質

　これまでに，電車やバスなど公共交通機関を用いて生活科見学や遠足などに出かけた経験をもつ児童にとっては，想起しやすい内容となっている。逆に，そのような経験のない学級集団においては，児童の過去の体験を想起させるよう配慮が必要となる。
　集団で公共交通機関を利用する経験は，学年が上がるにつれ増えていく。そのとき，車内にいる人々はどのような思いをもつのかについて考えさせながら，公徳心の必要な理由について気付かせるよう配慮したい。

●第1学年●

「きいろいベンチ」の発問構成　1
公共物を大切に利用することのよさに気付かせる発問構成

1　発問構成のポイント

　ひさしぶりのよい天気で，外で遊ぶことが楽しくなり，公共物を使う他者についての配慮を欠いた行動をしてしまった二人の心情を考えさせることで，公共物を使う際の約束事を二人がまったく考えていなかったことをおさえる。その後，他者に迷惑をかけてしまったことに気付く場面での二人の心情を考えさせることで，公共物を大切にすることの必要性について気付かせるよう授業を展開する。

2　展開例

- ねらい：公共の場所できまりを守り，みんなで使う物を大切にしようとする心情を育てる。
- 学習指導過程

学習活動　主な発問と児童の反応	指導上の留意点
1　みんなで使う場所について想起し，発表する。 　○みんなで使う場所には，どんなところがあるか。	・学校内の場所しか出てこなかった場合には，学校以外の場所を発表するよう促す。
2　資料「きいろいベンチ」を読んで話し合う。	
(1)　グライダーを飛ばしながら，二人はどんな気持ちでいるのか。 　・楽しいなあ。 　・外で遊べるのはひさしぶりだ。	・(1)・(2)の発問を通して，二人が公共物を使うときのきまりについて考えていないことをおさえる。
(2)　ブランコに立ち乗りをしている二人は，どんな気持ちでいるのか。 　・気持ちいいなあ。 　・次は，何をして遊ぼうかな。	
(3)　おばあさんの言葉にはっとした二人は，どんなことを思ったのか。 　・使う人のことを考えていなかった。 　・どうしよう。困ったな。 　・女の子に悪いことをしてしまった。	・その後，「謝ろう」といった行為が出た場合，どうして謝ろうと思ったのかを問うなどして，何をいけないことと感じたのかについての発言が出るようにする。
3　みんなで使う物や場所を使ったときの体験を振り返り，話し合う。 　○みんなで使う物や場所を，きまりを守って使ってよかったということはありますか。	
4　教師の体験談を聞く。	・きまりを守れずに困った体験を話すとよい。

●第1学年●

「きいろいベンチ」の発問構成　2
公共物を利用するときの多様な感じ方，考え方に出会わせる発問構成

1　発問構成のポイント

　この時期の児童は，約束やきまりについて理解はしていても，自分のしたいことや興味・関心が優先してしまうことがある。ここでは，「あのベンチの上から飛ばそうよ」とてつおに言われたたかしの心情を考えることで，自分のしたいことと約束やきまりの間で揺れる気持ちに気付かせたい。その後で，誤った選択をしてしまった二人の心情をおさえることで，まわりの人のことを考えて行動する公共心，公徳心が必要な理由について感得させるよう指導したい。

2　展開例

- ねらい：公共の場所でのきまりを守り，みんなで使う物を大切にしようとする態度を培う。
- 学習指導過程

学習活動　主な発問と児童の反応	指導上の留意点
1　みんなで使う場所や物のきまりを考え，発表する。 ○みんなで使う場所や物を使うとき，どんな約束やきまりがあるか。	・場所や物ではなく，それらを使うときにどんなきまりがあるのかということについて考えさせる。
2　資料「きいろいベンチ」を読んで話し合う。 (1) グライダーがあまりよく飛ばないとき，たかしはどんな気持ちだったか。 　・せっかく来たのにつまらないな。 　・もっとうまく飛ばせるところはないかな。	・せっかくひさしぶりに遊べたのに，という気持ちをおさえる。
(2) てつおに「あのベンチの上から飛ばそう」と言われたたかしは，どんなことを考えたか。 　・それはいいね。あそこならよく飛びそうだ。 　・靴のまま乗っていいのかな。 　・よくないと思うけど，てつお君が言うなら。	・この部分を中心に，よくないことだとは知りながらもついやってしまう主人公の心情に共感させながら，ねらいとする道徳的価値にかかわる様々な考え方について話し合わせる。
(3) おばあさんの言葉にはっとしたたかしとてつおはどんなことを思ったのか。 　・しまった。　・座る人のことを考えていなかった。 　・女の子に悪いことをしてしまった。どうしよう。	・「はっ」としてという記述から想起される心情について考えさせる。
3　みんなの物や場所を使うときに，約束やきまりを守って使っていたかについて体験を振り返り，話し合う。 ○約束やきまりを守ってよかったことがあるか。また，守れずに困ったことはあるか。 4　教師の体験談を聞く。	

●第2学年●

「おじさんの手紙」の発問構成　1
公共の場で，公徳心をもって行動することのよさに気付かせる発問構成

1　発問構成のポイント

　公共交通機関に乗っているときに，小学生に限らず大勢の団体と乗り合わせると，なんとなく嫌だなあという気持ちになるだろう。ここでは，そのような気持ちになっていたおじさんの心情が，子どもたちの行為によって変化する様子を手紙にあるおじさんの気持ちから想像して考えさせ，公徳心のある行為は他者によい影響を与えるということに気付かせていきたい。そのうえで，公共の場や公共物を使う際には，約束やきまりを守ろうという気持ちを育てたい。

2　展開例

- ねらい：公徳心をもって行動することのよさに気付き，進んでそのように行動しようとする心情を育てる。
- 学習指導過程

学習活動　主な発問と児童の反応	指導上の留意点
1　電車やバスに乗るときのきまりについて考え，発表し合う。 ○電車やバスに乗るときどんな約束やきまりがあるか。	・場所や物ではなく，それらを使うときにどんなきまりがあるのかということについて考えさせる。
2　資料「おじさんの手紙」を読んで話し合う。	
(1)　子どもたちが乗ってきたとき，おじさんはどんな気持ちになったか。 ・子どもが乗ってくるとうるさくなるぞ。 ・困ったな，うるさくなると考えごとができない。	・車内でうるさくすると迷惑を被る人がいることに気付かせる。
(2)　目を明けたおじさんは，子どもたちの様子を見て，どんな気持ちになったのか。 ・みんなのことを考えて静かにしていてえらいな。 ・本当は，話したいのに頑張っているのだな。 ・なぜ，この子たちは静かにしていられるのだろう。	・子どもたちが静かに立っていることを不思議に思いながらも，えらいな，すごいな，自分が恥ずかしいといった気持ちになるおじさんの心情をおさえる。
(3)　その日一日，なんとなく愉快だったおじさんは，どんなことを思って，愉快になったのか。 ・子どもたち頑張っていたなあ。 ・よいことをしている人を見ると気持ちがいいな。	・子どもたちが公徳心を示したことが，まわりの乗客にもよい影響を与えたことをおさえる。
3　公共の場所や公共物を使った体験を振り返る。 ○きまりや約束を守って，みんなで使う物や場所を使ってよかったと思ったことはあるか。	
4　教師の体験談を聞く。	・公徳心にかかわる体験を話す。

●第２学年●

「おじさんの手紙」の発問構成　２
公共の場での行動に対する多様な感じ方，考え方に出会わせる発問構成

1　発問構成のポイント

　低学年の子どもたちは，まだ自己中心的な傾向が強く，自分の興味・関心がそのまま行動に表れてしまうことが多い。電車が揺れれば声を出し，窓からめずらしい物が見えれば興奮するというのは，よく見られる光景である。資料中の子どもたちも静かにしていられるというのは，我慢をしているということであろう。自分たちと同じ子どもたちが，頑張っている姿に共感させ，自分たちにもできそうだ，やってみようという思いをもたせるよう指導していきたい。

2　展開例

・ねらい：公共の場での自らの行為が他者へ与える影響を知り，進んで公徳を守って行動しようとする心情を育てる。

・学習指導過程

学習活動　主な発問と児童の反応	指導上の留意点
1　遠足や見学に行くときの約束について話し合う。 ○遠足や見学に行くとき，どんなきまりがあったか。 2　資料「おじさんの手紙」を読んで話し合う。 (1) おじさんが「嫌だなあ」と思ったのは，どんな気持ちからか。 ・きっとうるさくなるぞ。 ・会社のことを考えなければいけないのに困った。 (2) 電車に乗っている子どもたちは，どんなことを思いながら静かに乗っていたのか。 ・他の人に迷惑をかけないように頑張ろう。 ・電車の中では我慢して，公園で思い切り遊ぼう。 ・おしゃべりすると，先生に怒られるかもしれない。 (3) おじさんはどんな気持ちから手紙を書いたか。 ・この子たちをほめてあげたい。 ・子どもたちのおかげで，一日愉快な気持ちになったことを伝えたい。 3　公共の場所や公共物を使うときの経験を話し合う。 ○みんなで使う物や場所をどんな気持ちで使っていたか。 4　教師の体験談を聞く。	・「よく見てくる」など学習のねらいにかかわる反応は，公徳心とは直接かかわらないが，ここでは取り上げておいてよい。 ・おじさんは，どんなことが嫌だと感じているのかについて話し合わせる。 ・子どもたちがどのようなことを思いながら頑張っているのかについて考えさせる。 ・おじさん→子どもたち→おじさんと共感する対象が変化するので，発問の際に配慮する。 ・よい行為が，他の人にもよい影響を与えたことに気付かせる。 ・この発問の前に，みんなで使う場所や物について，交通機関以外へも広げておくとよい。（クラスのボール，校庭の遊具など）

（遠藤　修）

4-(1)　規則尊重・公徳心

19　4　主として集団や社会とのかかわりに関すること

(2) 働くことのよさを感じて，みんなのために働く。
「もりの　ゆうびんやさん」／「みんなの　ニュース　がかり」

1　勤労に関する内容

　教育基本法の改訂で，新たに，「公共の精神に基づき，主体的に社会の形成に参画し，その発展に寄与する態度」が加えられた。これには次のような背景がある。人は，一人だけで独立して存在できるものではなく，個人が集まり「公共」を形づくることで生きていくことができるものである。今後の国家・社会の形成に主体的に参画する日本人の育成を図るためには，「公共」に主体的に参画し，公正なルールを形成し，遵守することを尊重する意識や態度を涵養することが重要視されたことによる。

　人間が社会的に自己実現を果たすためには，自らの仕事に誇りと喜びを見いだし，生きがいをもって仕事に取り組むことが大切である。働くことは，生活のためだけでなく，自らの社会的責任を果たすことでもある。このことを通して，社会に対する奉仕や公共の役に立つ喜びをも味わうことができるのである。

2　低学年の勤労にかかわる指導

　低学年の児童であっても，集団の維持，向上にかかわる仕事を担っている。学級における当番や係の仕事や家庭における手伝いなど簡単な家事分担があげられる。児童は，これらの仕事を行うことで，みんなのために働くことを楽しく感じることも少なくない。このことから，働くことでみんなの役に立つうれしさ，やりがい，自分の成長などを感じられるようにすることが大切である。

　4－(2)にかかわる指導としては，生活科における「家庭生活を支えている家族のことや自分でできることなどについて考え，自分の役割を積極的に果たす」ことや「動物を飼ったり植物を育てたりすること」などがあげられる。また，特別活動の学級活動における「学級や学校の生活づくり」のなかの，学級内の仕事の分担処理などを行う係活動も4－(2)について指導する機会になる。

4－(2)：他の関連資料
- 「おいしいぱんはだれのもの」　文部省『小学校　道徳の指導資料　第2集』（2年）
- 「おてつだい」　文部省『小学校　道徳の指導資料　児童作文』

事例編　4　主として集団や社会とのかかわりに関すること

第1学年	「もりの　ゆうびんやさん」
	出典：文部科学省『小学校　道徳　読み物資料集』

1．資料の概要

　森の郵便屋のくまさんは，一軒一軒声をかけながら，郵便物を配達している。みんなはくまさんが来ることをとても楽しみにしている。
　ある雪の日に，くまさんは小包を大切にかばんに入れて，やぎじいさんの家に向かう。山道を登ってようやくやぎじいさんの家に着いた。くまさんは，やぎじいさんから雪の日の配達のねぎらいの言葉をかけられる。くまさんは，孫からの贈り物を喜ぶやぎじいさんに言葉をかけて次の配達先に急ぐ。
　くまさんが配達を終えて家に帰ると，ポストに森のこりすからの仕事に対する感謝の手紙が入っていた。

2．資料の特質

　子どもたちが親しみをもてる動物たちを登場人物とした資料である。郵便配達をするくまの姿を通して，みんなのために働くことの大切さを考えられるように構成されている。郵便配達をするくまが，森の動物たちに心をこめて郵便物を届ける様子を通して，動物たちのねぎらいの言葉からみんなのために働くことのよさや，雪の日の仕事から働くことのたいへんさを子ども自身とのかかわりで考えることで勤労を尊ぶ心を培うことができる。

第2学年	「みんなの　ニュース　がかり」
	出典：文部科学省『小学校　道徳　読み物資料集』

1．資料の概要

　ニュース係のけいすけは，みんなに喜んでもらおうと学級ニュースを書いて掲示したが，サッカーチームの説明が違う，ピアノの発表会の日程が違うなどの苦情も受け，きちんと調べたのかと詰め寄られあわててニュースをはがす。けいすけが休み時間にしょんぼりしていると，ゆいはニュースを楽しみにしている，きちんと調べて書けば，みんなも喜ぶと励ます。
　けいすけは，みんなが怒ったわけを考え，もう一度ニュースを書くことにする。
　ある日のこと，学級ニュースの前に，クラスのみんなが集まって，うれしそうにニュースを読んでいる。そして，ひろしが，「けいすけくんは，みんなの　ニュース　がかりだね。」と言って，けいすけを称える。

2．資料の特質

　児童の日常の生活のなかで，だれもが経験する学級内の仕事の分担処理である係活動を取り上げて，みんなのために働くことについて考えさせることができる。また，本資料は，情報モラルに関する題材でもある。情報社会で適正な活動を行うためのもとになる考え方と態度である情報モラルに関する指導として，誤った情報が周囲に与える状況を考えさせることもできる。なお，このことは配慮事項であり，授業のねらいを逸脱しないように留意することが大切である。

4-(2) 勤労

●第１学年●

「もりの ゆうびんやさん」の発問構成　1
みんなのためになる仕事をすることの喜びを味わわせる発問

1　発問構成のポイント

　本時では，何にでも興味をもち，なんでもやりたがる１年生の子どもたちの実態を踏まえて，仕事をすることの楽しさを感得させるようにする。自分自身が仕事を楽しむことのよさを考えながら，そのことがみんなのためになっていることに気付けるような学習を展開できるようにする。そこで，資料にはイラストのみの表現ではあるが，「くまさんが森のこりすからの手紙を読んでいる場面」を中心として授業を展開する。

2　展開例

- ねらい：働くことはみんなのためになることに気付き，進んで働こうとする心情を育てる。
- 学習指導過程

学習活動　主な発問と児童の反応	指導上の留意点
１　自分がしている仕事について発表し合う。 　○みなさんは家や学校でどのような仕事をしているか。また，その仕事はだれの役に立っているか。 ２　資料「もりの　ゆうびんやさん」を読んで話し合う。 (1) くまさんはどんな気持ちで，みんなと話したり，森の様子を伝えたりしているのか。 　・みんなに喜んでもらいたい。 　・話をしていると自分も楽しい。 (2) 手袋をもらってうれしそうなやぎじいさんを見て，くまさんはどんな気持ちだったか。 　・やぎじいさんがうれしそうでよかった。 　・雪道を頑張って歩いてきてよかった。 (3) 森のこりすの手紙を読んだくまさんは，どんな気持ちだったか。 　・ぼくの仕事はみんなの役に立っていたんだ。 　・これからも配達を頑張ろう。 　・みんなが喜んでくれてよかった。 ３　みんなのためになる仕事をしてよかったことを発表し合う。 　○仕事をしてみんなの役に立ってよかったと思ったことはあるか。 ４　教師の体験談を聞く。	・児童がしている仕事を列挙して，それらの仕事がだれの役に立っているのかを考えさせる。 ・紙芝居で資料提示を行い，登場人物に親近感をもたせる。 ・くまさんのみんなに対する思いを想像させる。 ・自分の仕事が人を喜ばせているときの思いを想像させる。 ・郵便配達がやぎじいさんやこりすだけでなく，みんなの役に立っていることを確認して，そのときの気持ちを想像させる。 ・導入段階の仕事がみんなの役に立っていることをおさえて，振り返らせるようにする。 ・教師の小学校時代の逸話を話すようにする。

●第1学年●

「もりの ゆうびんやさん」の発問構成 2
みんなのためになる仕事に対する多様な感じ方，考え方に出会わせる発問構成

1 発問構成のポイント

みんなのためになる仕事をすることは，喜ばれたり感謝されたりして，たいへんよいものである。しかし，みんなのために働くときには，程度の差はあれ自己犠牲をともなうことがある。そこで，みんなのためになる仕事をするときの前向きな気持ちとともに，ともすると怠けたりさぼったりしてしまいがちな後ろ向きな気持ちについても考えさせる。雪道を歩くくまさんの姿から仕事に対する多様な感じ方や考え方に出会わせ，他者理解を深めるようにしたい。

2 展開例

- ねらい：働くことのよさやたいへんさを知り，みんなのために働こうとする態度を育てる。
- 学習指導過程

学習活動　主な発問と児童の反応	指導上の留意点
1　仕事をした経験を想起して発表し合う。 ○仕事をしてたいへんだなあと感じたことはあるか。 ・給食当番　・掃除　・係の仕事	・仕事は楽なことばかりではないことを自分たちの経験をもとに考えさせるようにする。
2　資料「もりの ゆうびんやさん」を読んで話し合う。 (1) 森のみんなはどんな気持ちでくまさんが来るのを待っているのか。 ・くまさんは優しいから早く会いたいな。 ・くまさんのお話が楽しみだな。	・自分の仕事を心待ちにしている人たちの思いを想像させ，仕事に対する考えを深める。
(2) 雪の山道を登ってやぎじいさんの家に向かうくまさんは，どんなことを考えていたか。 ・やぎじいさんの喜ぶ顔が見たいな。 ・頑張って早く小包を届けよう。 ・雪の日の仕事はたいへんだな。 ・雪の日は寒いからあまりやりたくないなあ。	・みんなのために働くことのよさや大切さは1年生でも理解できるため，仕事に対する前向きな思いをおさえたうえで，たいへんさを考えさせる助言を行い，多様な感じ方，考え方に出会わせるようにする。 ・みんなのためになる仕事を頑張ったときの達成感や成就感を味わわせるようにする。
(3) こりすからの手紙を読んだくまさんは，どんな気持ちだったか。 ・みんなが喜んでくれてよかった。 ・これからもしっかり配達しよう。	
3　みんなのためになる仕事をした経験を発表し合う。 ○たいへんだったがみんなのためになる仕事を頑張ってよかったことはあるか。	・たいへんな思いをした仕事を頑張ってやり遂げたことを想起させる。
4　働く人の話を聞く。	・用務主事の話を聞かせる。

4-(2) 勤労

●第2学年●

「みんなの ニュース がかり」の発問構成　1
みんなのためになる仕事を行うことの大切さ，よさを深める発問構成

1　発問構成のポイント

　本時では，働くことでみんなの役に立つうれしさ，やりがい，自分の成長などを感じられるような学習展開を行い，働くことに関する日頃の道徳教育の深化を図る。また，働くことのよさや喜びなどを考え合う価値理解を重視した学習を行うことを意図して，発問を構成する。そこで，「けいすけがニュースを書き直してみんなから賞賛された場面」を中心として授業を展開する。

2　展開例

- ねらい：働くことのよさを感じて，みんなのために働こうとする心情を育てる。
- 学習指導過程

学習活動　主な発問と児童の反応	指導上の留意点
1　自分たちのしている仕事を発表し合う。 　○自分たちがしている仕事にはどんなものがあるか。 2　資料「みんなの ニュース がかり」を読んで話し合う。 (1)　せっかく新聞を書いたにもかかわらず，みんなから文句を言われたけいすけはどんなことを考えたか。 　・何でぼくが怒られなくてはいけないのか。 　・頑張って書いたのだから怒らなくてもいいのに。 (2)　新聞を書き直しているとき，けいすけはどんな気持ちだったか。 　・今度は正しいニュースを書くぞ。 　・また怒られると嫌だからやめようかな。 (3)　「けいすけくんは，みんなの ニュース がかりだね」と言われたとき，けいすけはどんな気持ちだったか。 　・みんなにほめられると気持ちがいいなあ。 　・みんなが喜んでくれてよかった。 　・また頑張ってニュースを書くぞ。 3　みんなのためになる仕事をしてよかった経験を発表し合う。 　○けいすけくんのように，みんなのために仕事をしてよかったと思ったことはあるか。 4　働く人の話を聞く。	・児童が認識している仕事を自由に発表させて，ねらいとする道徳的価値への方向付けをする。 ・自分がみんなのためにした仕事が報われない状況での思いを想像させる。 ・みんなのために頑張って書こうとする思いや，仕事を敬遠しがちな思いなど，様々な感じ方に出会わせる。 ・みんなのために働いたことが周囲に認められ，賞賛された喜びを自分とのかかわりで考えさせる。 ・みんなのためになる仕事をした主人公と同じような思いをした経験を想起させる。 ・喜びややりがいで自分自身につなぐようにする。

●第2学年●

「みんなの ニュース がかり」の発問構成 2
みんなのためになる仕事に対する多様な感じ方，考え方に出会わせる発問構成

1 発問構成のポイント

　みんなのために働くことをしっかり行おうとする思い，また，ともすると仕事を怠けてしまいがちな思いを感じたり，考えたりする学習を展開し，日頃の道徳教育を深化する。働くことのよさとともにそのたいへんさを考え合う学習は，価値理解とともに人間理解も重視して発問を構成する。みんなのためになる仕事を頑張ってやろうという思いと，みんなのためになる仕事をすることに後ろ向きの思いが対峙する場面を中心とする。

2 展開例

- ねらい：みんなのために働くよさやたいへんさを知り，進んで働こうとする態度を育てる。
- 学習指導過程

学習活動　主な発問と児童の反応	指導上の留意点
1　自分たちのしている仕事を発表し合う。 　○自分たちの仕事にはどのようなものがあるか。 　・給食当番　・掃除　・係の仕事 2　資料「みんなの ニュース がかり」を読んで話し合う。 (1)　せっかく新聞を書いたにもかかわらず，みんなから文句を言われたけいすけはどんなことを考えたか。 　・せっかく書いたのに残念だ。 　・もうニュースは書きたくない。 (2)　新聞を書き直しているけいすけはいろいろなことを考えたと思うが，どんなことを考えていただろうか。 　・みんなに喜んでもらえるニュースを書こう。 　・また文句を言われたら嫌だからやめようか。 　・よいニュースを書けばみんなに喜んでもらえる。 (3)　「けいすけくんは，みんなの ニュース がかりだね」と言われたとき，けいすけはどんな気持ちだったか。 　・みんなが喜んでくれた。頑張って書いてよかった。 3　みんなのためになる仕事をした経験を発表し合う。 　○人のためになる仕事をしてよかったことはあるか。 4　働く人の話を聞く。	・児童が認識している仕事を自由に発表させて，ねらいとする道徳的価値への方向付けをする。 ・自分がみんなのためにした仕事が報われない状況での思いを想像させる。 ・みんなのために頑張って書こうとする思いや仕事を敬遠しがちな思いなど，様々な感じ方に出会わせる。 ・みんなのために働いたことが周囲に認められ，賞賛された喜びを自分とのかかわりで考えさせる。 ・仕事を「みんなのためになる」ことに絞って，今までの自分を振り返らせる。

4-(2) 勤労

（赤堀　博行）

4 主として集団や社会とのかかわりに関すること

20 (3) 父母，祖父母を敬愛し，進んで家の手伝いなどをして，家族の役に立つ喜びを知る。

「おかあさんのつくったぼうし」／「かぞくニュース」

1　家族愛に関する内容

　児童の人間形成の基盤は家庭にある。また，家庭で身に付けられた道徳性は，集団や社会とのかかわりにおいての基盤ともいえる。

　日々の生活のなかで，児童がよりよく過ごしていくためには，いちばん心がなごみ安心できる場としての家庭や家族の存在はとても大切である。また，家族とのかかわりを通して，父母や祖父母，兄弟から温かい愛情を受けていることを実感し，感謝の気持ちをもつことも必要である。しかし，普段の生活において，それらを当たり前に感じている児童も少なくない。また，感じていながらも素直に受け取ることができなかったり，表現できないでいたりすることも多い。だからこそ，家族の存在に目を向け，その大切さについて考えることが必要である。

　児童が家族から深い愛情を受けて過ごしていることを自覚し，感謝の気持ちをもつとともに，家族一人ひとりを理解し，その一員として自分に何ができるかを考え行動に移していく児童を育てたい。

2　低学年の家族愛にかかわる指導

　低学年では，家族への敬愛の念を育てるとともに，積極的に家族とのかかわりをもつことで，家族の一員として役に立つ喜びを実感させることが求められている。これは，中学年「自分が家庭における重要な一員であることの自覚を深める」ということや高学年「家族が相互に信頼関係と深い絆で結ばれていることについて考えを深める」ことにもつながっていくと学習指導要領に示されている。

　児童が父母や祖父母から温かい愛情を受け，また自分も同じように家族に対して愛情を感じていることに気付くことが大切である。また，自分に愛情を注いでくれている家族が，家庭のなかでどのような存在か，また，どのような役割があるのかなどに目を向けさせることで，家族への理解も深まる。さらに，そこから自分に何ができるかを考えることにもつながっていく。

　生活科や学級活動，学校行事などの他教科・活動との関連も含めながら，低学年の児童が家庭を大切にしていこうとする心を育てていきたい。

4 ―(3)：他の関連資料
- 「ももいろのえさ」　文部省『小学校　道徳の指導資料　第3集』（1年）
- 「水がめのうなぎ」　文部省『小学校　道徳の指導資料とその利用　1』

第1学年　「おかあさんのつくったぼうし」

出典：文部省『小学校　道徳の指導資料　第1集』（2年）

1．資料の概要

　アンデルスは，おかあさんが作ってくれた帽子をかぶり，外へ遊びに出る。途中で，ジャックナイフを持った少年やお菓子をたくさん持った王女と出会い，「この　ナイフと　とりかえて　くれないか。」，「さあ，ぼうしを　ぬいで　めしあがれ。」と言われるが，アンデルスは帽子を離さなかった。さらには，御殿で王様に「わしの　ぼうしと　とりかえて　くれないか。」と言われ，アンデルスは一目散に逃げ帰る。
　家に帰ってからこれらのことを話すと，おにいさんから「おうさまの　かんむりと　とりかえれば　よかったのに。」と言われるが，「おかあさんの　つくった　ぼうし　より　いい　ものなんて　ひとつも　ないさ。」というアンデルスを，おかあさんは黙って強く抱きしめた。

2．資料の特質

　この資料は，どんなことがあっても変わることのない親と子の互いの深い愛情を描いている。母親が作った世界でたった一つしかない帽子，それは何物にも代えることはできない。その愛情がつまった帽子を大切にするアンデルスの気持ちを考えることを通して，親子の愛情について考えさせる。そして，児童一人ひとりも同じように親から愛され育っていること，また自分も親への愛情をもって生きているということに気付かせたい。

第2学年　「かぞくニュース」

出典：日本文教出版『小学校どうとく　生きる力』（2年）

1．資料の概要

　生活科の時間に家族ニュースを発表することになったルミ。家に帰っておかあさんに「どこかへ連れて行ってほしい」と頼むが，「家族の楽しいニュースはたくさんある」と言われ，一日家族の様子を取材することにした。
　取材を通して，おかあさん，おとうさん，お兄ちゃん，おばあちゃんは，それぞれ家族のことを思って自分ができることをやっていることを知る。今まで知らなかったことやおもしろいことをたくさん取材できたルミは，とてもうれしい気持ちになった。

2．資料の特質

　家庭生活における一人ひとりの役割について，今まで意識していなかったルミが，理解をしていく姿が描かれている。おかあさんがお弁当を作ったり，おとうさんが洗濯をしたりすることが，家族の一員として役割を果たすことにつながっている。また，それらの行動は家族への愛情や思いやりが支えになっていることにも気付かせることができる。
　初めは家族への関心をあまりもつことができなかったルミが，次第に関心を高め，家族を理解するという気持ちの変化を考えることを通して，愛情や思いやりをもち，進んで家族のためにできることをしていこうという心情を育てたい。

●第1学年●

「おかあさんのつくったぼうし」の発問構成　1
家族の愛情について考えることができる発問構成

1　発問構成のポイント

　親を思う子，子を思う親，互いの愛情の深さを感じ取らせたい。そのために，黙って母親が抱きしめてくれたときのアンデルスの気持ちをじゅうぶんに考えさせる。そのためには，どのような状況においても母親が作ってくれた帽子を渡さなかったアンデルスの気持ちをおさえる。そして，強く抱きしめられたときの温もりから母親への思いが湧き出てくるアンデルスに共感させたい。また，補助発問として母親の気持ちを問い，母親からの深い愛情にも気付かせたい。

2　展開例

- ねらい：家族の温かさや愛情に気付き，家族を敬愛しようとする心情を育てる。
- 学習指導過程

学習活動　主な発問と児童の反応	指導上の留意点
1　家族に作ってもらった物（やってもらったこと）を思い出す。 ○みなさんは，家族に作ってもらった物はあるか。 2　資料「おかあさんのつくったぼうし」を読んで話し合う。 (1)　帽子を作ってもらったとき，アンデルスはどのような気持ちだったか。 　・うれしい。　・おかあさん，ありがとう。 　・大切にしよう。 (2)　王様に「わしの ぼうしと とりかえて くれないか。」と言われたアンデルスはどんなことを思ったか。 　・絶対に渡すものか。 　・ぼくの大切な帽子なんだ。 (3)　「おかあさんの つくった ぼうし より いい ものなんて ひとつも ないさ。」と言い，おかあさんに抱きしめられたとき，どのような気持ちだったか。 　・これからも大切にしたい。 　・おかあさん，大好き。　・渡さなくてよかった。 3　自分自身の生活を振り返る。 ○家族っていいな，温かいな，と思ったことはあるか。 4　教師の説話を聞く。	・自分の生活に結びつけて，ねらいへの方向付けをする。 ・個々の児童の家庭環境にはじゅうぶんに配慮する。 ・アンデルスに共感させ，おかあさんに帽子を作ってもらったことへの喜びの気持ちを考えさせる。 ・今までも様々な人から声をかけられ，さらに王様から声をかけられたときにも断ったアンデルス。その揺るぎない母親への愛情の強さをじゅうぶんに考えさせる。 ・アンデルスの母親への思いとともに，母親はどのような気持ちでアンデルスを抱きしめたかという補助発問をし，母親の愛情についても感じることができるようにする。 ・家族から大切にされていること，たくさんの愛情をもらっていることに気付かせる。

●第１学年●

「おかあさんのつくったぼうし」の発問構成　２
家族愛について多様な感じ方，考え方に出会わせる発問構成

1　発問構成のポイント

　"他者への気持ち"と"物の価値"。これらを比較することはできないが，目の前に示されると，時と場合によって迷いが生じることもある。ここでは，おかあさんが作ってくれた帽子と王様の金の冠との比較である。これらが提示され，迷うアンデルスの気持ちを考えさせる。結果として，おかあさんの作った帽子を選んだが，それはおかあさんへの深い愛情によるものである。アンデルスの様々な思いを通して，母親への愛情の深さを感じ取らせたい。

2　展開例

- ねらい：家族の温かさや愛情に気付き，家族を敬愛しようとする態度を育てる。
- 学習指導過程

学習活動　主な発問と児童の反応	指導上の留意点
1　家族のよさを発表し合う。 ○家族がいてよかったと思ったことはあるか。それはどんなときか。 2　資料「おかあさんのつくったぼうし」を読んで話し合う。 (1) 帽子を作ってもらったとき，アンデルスはどのような気持ちだったか。 　・うれしい。　・おかあさん，ありがとう。 (2) 王様に「わしの　ぼうしと　とりかえて　くれないか。」と言われたアンデルスはどんなことを考えたか。 　・絶対に渡すものか。　・どうしよう。 　・金の冠を持って帰ったらおかあさんは何て言うかな。 (3) 「おかあさんの　つくった　ぼうし　より　いいもの　なんて　ひとつも　ないさ。」と言ったとき，どのような気持ちだったか。 　・渡さなくてよかった。 　・おかあさんが作ってくれたものがいちばんだ。 3　自分自身の生活を振り返る。 ○家族っていいな，温かいな，と思ったことはあるか。また，家族に心配をかけてしまったことはあるか。 4　教師の説話を聞く。	・自分の生活に結びつけて，ねらいへの方向付けをする。 ・個々の児童の家庭環境にはじゅうぶんに配慮する。 ・アンデルスに共感させ，おかあさんから帽子を作ってもらったことへの喜びの気持ちを考えさせる。 ・今までは様々な人から声をかけられても断り続けたが，「王様」「金の冠」ということからアンデルスのなかで迷いがあることに気付かせる。 ・多様な感じ方や考え方が出たなかで，「それでも母親が作った帽子を選んだのはどのような気持ちからか」という問いかけをし，母親への思いの強さをおさえる。 ・アンデルスの母親への愛情の強さを考えさせる。 ・家族のよさを感じることができるようにする。

4-(3)　家族愛

●第２学年●

「かぞくニュース」の発問構成　1
家族のことを理解し，その一員としての役割について考える発問構成

1　発問構成のポイント

　家庭のなかには，様々な役割がある。そして，家族の一員としてその役割を自覚し，行動に移そうとする気持ちが大切である。

　そのために，主人公ルミの気持ちの変化にじゅうぶんに共感させたい。家族の役割について興味や関心をもち，その大切さに気付いていく気持ちを考えることを通して，児童が家族の一員としてできることを考え，これからの家庭生活へつなげていけるようにする。

2　展開例

- ねらい：家族のなかでの自分の役割に気付き，その一員として役に立とうとする心情を育てる。
- 学習指導過程

学習活動　主な発問と児童の反応	指導上の留意点
1　家族のなかでの自分の役割について発表し合う。 ○みなさんは，家のなかで自分がいつもしていることはあるか。	・家族のなかでの自分の役割について振り返り，ねらいとする価値への方向付けをする。
2　資料「かぞくニュース」を読んで話し合う。	
(1) 家族ニュースを発表する順番が来週に決まったとき，ルミさんはどんなことを思ったか。 ・何も発表することがない。どうしよう。 ・おかあさんに頼んでどこかへ連れて行ってもらおう。	・家族の役割があるということに気付いていないルミの気持ちをおさえる。
(2) おかあさんやおとうさん，お兄ちゃんやおばあちゃんがしていることを知ったとき，ルミさんはどんな気持ちだったか。 ・家族のためにたくさんのことをしてくれていたんだ。 ・ありがとう。	・ルミに共感させ，家族一人ひとりが家族のためにやっていることを理解した気持ちを考えさせる。また，そのような行動には，家族への愛情，思いやりがあることにも気付かせる。
(3) 家族のことを取材してルミはどんなことを感じたか。 ・自分も何かできることをやっていきたい。 ・みんなありがとう。 ・もっと調べてみたい。 ・たくさんのことを友達に話そう。	・家族のことを理解したことにより，自分にも何かできることはないかと思うルミの気持ちや家族への興味・関心が高まったことをおさえる。
3　自分自身の生活を振り返る。 ○自分から家の手伝いをすることができたか。 4　教師の説話を聞く。	・家族の一員として，自分ができることを考え，これからの生活に生かしていこうとする気持ちをもたせる。

●第2学年●

「かぞくニュース」の発問構成　2
家族のことを理解し，感謝の気持ちをもつ発問構成

1　発問構成のポイント

　家族への理解を深めることで，父母や祖父母への感謝の気持ちも一層強くなる。ここでは，家族のためを思って行動しているおばあちゃんに視点をあてる。
　家族の健康を祈るおばあちゃんの行動を知ったルミの気持ちを考えることを通して，家族への感謝の気持ちをもつとともに，より一層愛情を感じ，これからも大切にしていこうとする気持ちを育みたい。

2　展開例

・ねらい：家族への感謝の気持ちをもち，その一員として進んで役に立とうとする心情を育てる。
・学習指導過程

学習活動　主な発問と児童の反応	指導上の留意点
1　家族への思いについて発表し合う。 ○家族がいてよかったなと思ったことはあるか。 2　資料「かぞくニュース」を読んで話し合う。 (1)　家族の様子を取材することになったとき，ルミさんはどんな気持ちだったか。 ・面倒だな。 ・おかあさんはどうしてそんなことを言うのだろう。 (2)　おばあちゃんが「家族みんなが今日も健康でありますように」とお祈りしていることを知ったとき，ルミさんはどんな気持ちだったか。 ・家族のためにそういうことをしてくれていたんだ。 ・おばあちゃんの気持ちがうれしい。 ・家族っていいな。 ・家族にも役割があるんだ。 (3)　家族のことを取材してルミはどんなことを感じたか。 ・自分も何かできることをやっていきたい。 ・みんなありがとう。 3　自分自身の生活を振り返る。 ○自分から家の手伝いをすることができたか。 4　教師の説話を聞く。	・家族のよさについて振り返り，ねらいとする価値への方向付けをする。 ・おかあさんからの言葉に仕方なく取材をするルミの気持ちをおさえる。 ・ルミに共感させ，おばあちゃんが家族のことを思って行動していることや，おばあちゃんへの感謝の気持ちを考えさせる。 ・家族のことを理解したことにより，自分も何かできることはないかと思うルミの気持ちをおさえる。 ・家族の一員として，自分ができることを考え，これからの生活に生かしていこうとする気持ちをもたせる。

（鈴木　芽吹）

21 (4) 先生を敬愛し，学校の人々に親しんで，学級や学校の生活を楽しくする。

4 主として集団や社会とのかかわりに関すること

「もんた先生　大すき」／「わたしの学校，いい学校」

1　愛校心に関する内容

　小学校への入学は，児童・保護者にとって大きな節目であり，児童は大きな喜び・誇りをもって小学校の門をくぐってくる。小学校生活が始まると，担任の教師が児童にとってたいへん大きな存在となる。児童はまず，教師に対する憧れにも似た敬愛の思いをもつことから始め，学校での様々な出来事，生活を通して学校への愛着をもっていく。そのなかで少しずつ視野が広がり，用務主事，給食主事，事務主事，補助教員などの学校で自分を支えてくれているたくさんの人々へ目を向け，感謝や敬愛の念を深めていく。

　児童が学校に愛着をもち，よりよい姿勢で学校で生活するためには，学校内で行われる様々な活動やかかわりを通して，学級や学校全体へと視点を向け，そのなかで役立っている自分を感じさせることが重要である。そして学校をさらに愛し，自分の役割と責任を自覚しながら，仲間とともによりよい学校をつくろうと努力する児童を育てていくことが求められている。

2　低学年の愛校心にかかわる指導

　低学年の児童にとって，担任をはじめとした教師の影響はとくに大きい。したがって，教師は愛情深く児童一人ひとりに接するなど，児童に敬愛される存在でなくてはならない。また，様々な活動のなかで上級生に親しみをもち，尊敬したり，学校で働く人々の様子を理解したりすることで，学校で児童を支えてくれている人々や学校そのものへの敬愛の念を育てることが重要である。そのうえで，学級や学校全体の生活を，自分たちの力で一層楽しくしようとする態度を育んでいく必要がある。

　4 −(4)にかかわる指導としては，生活科における「学校の施設の様子及び先生など学校生活を支えている人々や友達のことがわかり，楽しく安心して遊びや生活ができるようにするとともに，通学路の様子やその安全を守っている人々などに関心をもち，安全な登下校ができるようにする」があげられる。また，特別活動における学校行事「全校又は学年を単位として，学校生活に秩序と変化を与え，学校生活の充実と発展に資する体験的な活動を行うこと」も，低学年の児童にとってはとくに印象深いものであり，重要なかかわりをもっている。

---

4 −(4)：他の関連資料

・「学校のじまん」　文部省『小学校　道徳の指導資料　第3集』（2年）
・「はじめての　うんどうかい」　文部省『小学校　道徳の指導資料とその利用　4』

第1学年　「もんた先生　大すき」

出典：文部省『小学校　読み物資料とその利用「主として集団や社会とのかかわりに関すること」』

1．資料の概要

　おさるの学校のじろうは，もんた先生が大好きだ。もんた先生は休み時間に一緒に遊んでくれるし，勉強はわかるまで教えてくれる。そんなもんた先生がある日，出張に行くことになった。じろうが元気な声で教室に入り，「おはようございまあす！」と言っても先生の返事は返ってこない。
　教頭先生が来て，もんた先生の代わりに字の勉強を教えてくれる。そこでじろうがノートを見直すと，もんた先生のお手本，花まるが目に入ってきた。そのページを見ていると，花まるが，もんた先生のにっこりした顔に見えてきた。そして掃除の時間，雑巾がけのゴシゴシという音が，「じろう，がんばれ。」というもんた先生の声に聞こえてきた。次の日，もんた先生とじろうたちは，いつもよりにこにこと，運動場で遊ぶのだった。

2．資料の特質

　登場人物が動物となっているので，児童は親しみながら資料の世界にふれることができるだろう。もんた先生の子どもたちへのていねいなかかわりが，普段の教師と児童の温かな人間関係と重なり，もんた先生を思うじろうに共感することで，教師への敬愛の思いを深めていくことができるだろう。また，教師がいないときの不安や，教師との思い出でその不安を乗り越えるじろうの姿からは，教師とのつながりのなかで成長する児童を感じることができる。

第2学年　「わたしの学校，いい学校」

出典：学校図書『かがやけ　みらい』（2年）

1．資料の概要

　トットちゃんが通うトモエ学園では，放課後，校庭や教室，砂場など，様々な場所で様々なことをしながら，子どもたちが楽しく遊んでいた。
　そこに「トモエがくえん，ボロ学校！　入ってみても，ボロ学校！」という，大きな「はやしうた」が聞こえてきた。よその学校の男の子たちの仕業だ。「こらあ，なんて　うたを　うたうのよ！」とトットちゃんは怒ったが，男の子たちはあっという間に逃げてしまった。このとき，なんとなくトットちゃんの口から歌が出た。「トモエがくえん，いい学校！　入ってみても，いい学校！」。すると，校庭にいたみんなもそれに続いた。とうとう，肩を組んだり，手をつないだりしながら，声をそろえて，楽しそうに「トモエがくえん，いい学校！　入ってみても，いい学校！」と歌った。

2．資料の特質

　黒柳徹子『窓ぎわのトットちゃん』からの物語である。実話であり，リアリティをもちながらも，楽しい雰囲気で，自分の学校を愛する子どもたちの思いが伝わってくる。自分の学校をからかわれたことへの怒りは，学校への愛着を裏付けている。そして，自分たちで大きな声で「トモエがくえん，いい学校！　入ってみても，いい学校！」と歌うトットちゃんたちに共感することで，素直に学校を愛する児童の思いを深めていくことができる。

●第1学年●

「もんた先生　大すき」の発問構成　1
先生への敬愛の思いを深め，学校生活の楽しさを実感させる発問構成

1　発問構成のポイント

　前述のとおり，児童はまず教師への敬愛の思いを深めることから，学級，学校全体に対する愛着を抱いていく。とくに1年生にとって担任教師の存在は大きく，児童に対する教師の愛情を実感することで，児童は教師への敬愛の念を深めていく。そこで本時は教師の児童への愛情と，それに対する児童の信頼に視点をあてて，教師と児童，相互の信頼関係について考え，話し合っていく。そのために，とくに教師とかかわることへの喜びや楽しさが実感できるような発問を構成し，それが学校生活全体の充実につながっていることに目を向けさせたい。

2　展開例

- ねらい：先生を敬愛し，楽しく学校生活を送ろうとする心情を育てる。
- 学習指導過程

学習活動　主な発問と児童の反応	指導上の留意点
1　学校での教師や友達とのかかわりを想起する。 ○学校で先生や友達と，どんなことをして生活しているか。	・「遊ぶ」「勉強する」など，小学校での生活について，教師や友達とのかかわりに視点を定め，価値についての方向付けをする。
2　資料「もんた先生　大すき」を読んで話し合う。 (1)　朝，もんた先生がいなかったとき，じろうはどんな気持ちになったか。 ・先生がいないとさびしいな。 ・大丈夫かなあ。心配だ。	・先生がいなくて不安な思いについて，想像させる。
(2)　ノートを開いて，もんた先生のお手本や花まるを見たとき，じろうはどんなことを考えたか。 ・先生の花まるを見て，元気が出てきたぞ。 ・練習をもっと頑張ろう。	・不安ななか，教師の愛情や日々の生活を思い出すじろうに共感することで，教師に対する敬愛の念について考えさせる。
(3)　次の日の朝，もんた先生と運動場をかけまわるじろうは，どんな気持ちだったか。 ・もんた先生と遊んで，楽しいな。 ・学校ももんた先生も大好き。 ・もっともっと，みんなと遊びたい。	・先生や友達，学校の仲間と一緒にいることの幸せや喜びについて，多様な視点から考えを深めていく。
3　学校での楽しかったことを発表し合う。 ○先生やみんなと生活してきて，楽しかったことやうれしかったことはあるか。	・導入で話し合った学校における教師や友達とのかかわりについて，自分とのかかわりを深めながらさらに深く掘り下げて考えさせる。
4　教師の説話を聞く。	・学校生活のよさ，意義などについて伝える。

●第1学年●

「もんた先生　大すき」の発問構成　2
学校で成長する自分を感じて，学校生活のよさを考えさせる発問構成

1　発問構成のポイント

学校生活の楽しさだけでなく，学校のなかで成長していく自分を自覚していくことも重要である。1年生は進学の喜びを胸に登校してくる。幼稚園・保育園などでは，最上級生だった児童たちである。学校でこそできる成長を感じさせ，自分をよりよく高めていこうとする姿勢を育みたい。そこで，本時の展開ではもんた先生の愛情を受けて，安心して自己を高めているじろうの側面に，じゅうぶんに共感させる発問の構成にした。授業をする際は，1-(2)勤勉・努力と混同せずに，「学校の中の成長」に視点をあてるよう留意する必要がある。

2　展開例

- ねらい：学校のなかで成長する自分を自覚し，学校生活をよくしていこうとする心情を育てる。
- 学習指導過程

学習活動　主な発問と児童の反応	指導上の留意点
1　自分の学校について話し合う。 ○学校のよいと思うことや好きなところはどこか。	・学校のよさや好きなところを考えることで，学習への意欲を高める。
2　資料「もんた先生　大すき」を読んで話し合う。	
(1)「きょう一日　みんなで　なかよく　がんばるんだよ。」というもんた先生の言葉を見て，じろうはどんな気持ちになったか。 ・先生がいなくても，頑張ろう。　・心配だなあ。	・先生がいないことへの不安や，自分たちでやってみようとする意欲について，想像させる。
(2)　もんた先生のにっこりとした顔を思い浮かべながら，じろうはどんな気持ちで字の練習をしたのか。 ・先生が応援してくれている。 ・ていねいに書くように，気を付けよう。	・先生の愛情を受けて，ていねいに文字を写すじろうに共感することで，先生への敬愛や，期待に応えようとする思いについて深く考えていく。
(3)　雑巾がけの音が「じろう，がんばれ」のように聞こえてきたとき，じろうはどんなことを考えながら掃除をしたのか。 ・先生がいなくても，きれいにやろう。 ・先生がびっくりするくらい，きれいにするぞ。	・自分の役割を自覚して，学校のために努力しようとする思いについて，多様な視点から考えられるようにする。
3　学校で成長している自分について話し合う。 ○学校でできるようになったことや，頑張っていることはどんなことがあるか。	・学校生活のなかでの自分の成長について，これまでの自分を振り返りながら考える。
4　自分たちの学校生活をビデオで視聴する。	

4-(4)　愛校心

●第2学年●

「わたしの学校，いい学校」の発問構成　1
学校への愛着を深め，自分ができることを考えさせる発問構成

1　発問構成のポイント

　児童が学校の様々なところを好きになり，所属感を感じ，安心して学校生活を送っていくことで，児童の学校への愛着がますます深まっていく。自分の学校に誇りを感じ，学校のために自分たちでできることをしていこうとする態度を育むことが重要である。本時は学校のよさ，それを否定されたときの思いを考えて，そのうえで，学校が大好きなことを歌で表現するトットちゃんに共感していく。トットちゃんの歌は「学校のために自分たちができること」であり，その視点で児童に振り返らせることで，展開前段の思考が生きていく。

2　展開例

- ねらい：学校への愛着を深め，学校のために自分ができることをしようとする心情を育てる。
- 学習指導過程

学習活動　主な発問と児童の反応	指導上の留意点
1　学習の雰囲気づくりをする。 　・校歌を歌う。 2　資料「わたしの学校，いい学校」を読んで話し合う。 (1)　放課後にみんなと遊んでいるとき，トットちゃんはどんな気持ちだったか。 　・楽しいなあ。　・ずっと遊んでいたい。 (2)　「トモエがくえん，ボロ学校！　入ってみても，ボロ学校！」という歌を聞いてトットちゃんはどんなことを考えたか。 　・なんてひどいことを言うの。 　・いい学校なのに。許せない。 (3)　思わず，「トモエがくえん，いい学校！　入ってみても，いい学校！」と歌ったトットちゃんは，どんな気持ちで歌ったのか。 　・こんなにいい学校だということをわかってほしい。 　・わたしは，トモエ学園が大好き。 　・ボロ学校なんかじゃない。 3　学校のためにしたことを話し合う。 　○学校のために，何か頑張ったことはあるか。 4　学校のよさをまとめた映像を視聴する。	・学校の校歌にこめられた願いなどを確かめながら歌うようにする。 ・学校でみんなと一緒に遊ぶ楽しさや喜びについて，考えさせる。 ・自分の学校をけなされた悲しみや，それにより明確になった学校への愛着について，考えさせる。 ・「いい学校！」と，思わず口に出たトットちゃんに共感することで，自分の学校に対する愛着や誇りについて，多様な視点から考えを表出させていく。 ・展開前段の思考とつなげながら，自分とのかかわりをさらに深めて考える。 ・校歌など，BGMもスライドショーに入れて，印象的に提示する。

●第２学年●

「わたしの学校，いい学校」の発問構成　２
学校のよさや楽しさ，好きなところに気が付く発問構成

1　発問構成のポイント

　児童は学校での生活を楽しんでいても，具体的にどんなところが好きなのか，よいと思っているのかを考える機会は少ない。そこで，本時では友達と一緒に学校の歌を歌うトットちゃんに共感することで，学校のことを大切に思う気持ちについて，考えを深めていく。「友達といるよさ」「楽しく遊ぶよさ」など，児童の学校への思いを多様に引き出し，じっくりと学校生活や学校そのもののよさにふれ，学校への愛着を深めていきたい。

2　展開例

- ねらい：学校や学校生活のよさを感じ，愛着をもって楽しく生活しようとする心情を育てる。
- 学習指導過程

学習活動　主な発問と児童の反応	指導上の留意点
1　学校での活動を思い起こす。 　○学校では，どんなことをして生活しているか。	・学校での生活の仕方を確認し，学校のなかでの自分を見つめる。
2　資料「わたしの学校，いい学校」を読んで話し合う。 (1)「トモエがくえん，ボロ学校！　入ってみても，ボロ学校！」という歌を聞いて，トットちゃんはどんなことを考えたのか。 　・なんてひどいことを言うの。 　・いい学校なのに，許せない。	・自分の学校をけなされた悲しみや，それにより明確になった学校への愛着について，考えさせる。
(2)「トモエがくえん，いい学校！　入ってみても，いい学校！」と，友達と歌っているとき，トットちゃんはどんなことを考えていたのか。 　・いい学校なんだよ。 　・友達も歌ってくれて，うれしい。	・友達と一緒に学校の歌を歌うトットちゃんに共感することで，仲間と一緒に学校を大切に思う気持ちについて考える。
(3) トットちゃんは，トモエ学園のどんなところが好きだと思うか。 　・いい友達がいる。　・遊べて楽しい。 　・先生が優しい。	・叙述に縛られることなく，トットちゃんの気持ちを想像しながら，学校のよさを多様に表現し合う。
3　学校のよいところや好きなところを話し合う。 　○自分の学校のよいと思うところや，好きなところはどんなことか。	・発問(3)と関連させて，自分の学校のよさや好きなところなどに目を向けさせ，自分とのかかわりをさらに深めて考える。
4　教師の説話を聞く。	・児童には気が付かないような学校のよさについて言及することも考えられる。

（野村　宏行）

22　4　主として集団や社会とのかかわりに関すること

(5) 郷土の文化や生活に親しみ，愛着をもつ。

「ぎおんまつり」／「ひろばの花」

1　郷土愛に関する内容

郷土とは，一般に，人が生まれ育った空間的，時間的な場所を意味する言葉である。子どもたちにとって郷土とは，どのような意味をもっているのだろうか。

ア　人々とのふれあいの場：様々な年齢で構成された子ども集団での遊びや地域の大人たちとの様々な交流，さらには先人たちが残してくれた地域の慣習などの文化を通じて，生活感情，社会認識，モラルなどを身に付け，地域におけるかけがえのない一員であることを自覚し，自分の役割を学びながら人々との連帯を深めて，人としての生き方や郷土を愛する心を学ぶ場である。

イ　自然とのふれあいの場：四季折々の自然の美しさや厳しさを知り，自然に親しむ心や畏敬の心を培い，心身を鍛練する場である。また，自然と調和した人間の生き方や自然を科学的に探求し生かそうとする態度を学ぶ場である。

ウ　郷土文化とのふれあいの場：地域の風土には育まれた文化や伝統，生産活動などへの関心を高め，理解を深めるとともに，それらの文化遺産を享受し継承しながら，新しい郷土文化を創造しようとする態度を学ぶ場である。

2　低学年の郷土愛にかかわる指導

低学年段階の子どもたちは，幼稚園などでの生活から，小学校という新たな社会で生活することになる。つまり，小学校という社会の文化や伝統に慣れることが大切である。そういう意味から，とくに道徳の内容項目4の(4)の学校の人々に親しむ指導を工夫する必要がある。

こうした点からも，内容項目4の(5)の郷土の文化や生活に親しみ，愛着をもつ指導は，子どもの生活全体，全教育活動のなかで充実させていく必要がある。例えば生活科においては，身近な人々および地域の様々な場所，公共物とのかかわりを深める学習活動を行ったり，日常生活における遊びという体験を通して，文化や伝統の楽しさやおもしろさなどを，感覚的に受けとめたりするなど，すべてが郷土愛形成の土壌づくりにつながるといえよう。郷土を愛する心は，郷土のよさの自覚によって，郷土をよりよく発展させようとする意欲へと高まるのである。

4-(5)：他の関連資料

- 「大きくなあれ　きんかんの木」　文部省『小学校　郷土を愛する心を育てる指導』
- 「ぜん校しゃせい会」　文部省『小学校　郷土を愛する心を育てる指導』

第1学年 「ぎおんまつり」
出典：文部省『小学校　文化や伝統を大切にする心を育てる』

1．資料の概要

　日本の代表的な祭りの一つである京都の祇園祭に参加するため，ぼくは１か月前から夜遅くまで，大人の人たちと一緒に，祭りのお囃子を練習してきた。祭りの山鉾に乗って，お囃子を打ち鳴らしているとき，曲がり角で山鉾が倒れそうになり，緊張する瞬間があったが，見事に曲がりきることで，みんなの心が一つになる様子を体感する。
　ぼくは，祭りの熱気を肌で感じ，千年も続けられている祇園祭の伝統の重さや受け継いできた人々の熱い思いに気付いていく。練習のつらさから，「もうやめたい」と一度は父親に申し出たが，みんなが受け継いできたこの祭りのすばらしさを感じ，途中でやめないでよかったと回想する。

2．資料の特質

　本資料は，祭りの山鉾が，曲がり角でぶつかりそうになる場面が冒頭に描かれている。
　子どもたちは，「ギギギー」という擬態語や危機迫る掛け声の記述から，今にも倒れてぶつかりそうな山鉾に注意をひきつけられるのである。この緊張した場面は，一人ひとりの祭りにかける熱い思いが，読み手に伝わりやすい。また，練習を苦手に思い，一度はやめようとした主人公の心の動きが描かれているので，身近な人物像としての印象が強く，子どもたちは，自分の姿を重ねて考えていくことができる。

第2学年 「ひろばの花」
出典：文部省『小学校　郷土を愛する心を育てる指導』

1．資料の概要

　家の庭に花の苗を植えた父親は，ひろしに水やりを依頼する。しかし，何か月も先の祭りまで，水をやり続けなくてはならないと考えたひろしは，その水やりをたいへん負担に感じる。
　ある日の夜11時過ぎ，ふと目を覚ましたひろしは，下の部屋でする話し声を聞く。祭りのことで，八百屋さんや電気屋さんなどの近所の人たちが，ひろしの家で熱心に相談をしていた。そんなみんなの様子から，なんだか恥ずかしい気持ちになり，水やりをやると父親に申し出るのである。

2．資料の特質

　祭りの準備のために夜遅くまで相談する大人の様子を見て，自らの言動を反省する主人公の姿が端的に描かれた資料である。
　発達段階的特質としては，自己中心的であり，周囲への関心が薄いこの期の児童であるだけに，花への水やりをしなくてはならないことを苦にする主人公を身近に感じられるであろう。しかし，父親をはじめ，まわりの人々の祭りにかける思いを知り，自分自身の姿を恥ずかしく思い始める主人公ひろし。祭りに参加する方法として，水やりをするという，シンプルではあるが，低学年の自分にもできそうなこととして示されているので，子どもたちにとっても日常生活におけるヒントとなり得る資料である。

●第1学年●

「ぎおんまつり」の発問構成　1
郷土に伝わるものを守る人々の気持ちを実感させるための発問構成

1　発問構成のポイント

　子どもたちに自分の住んでいる地域を愛する心を育むには，地域のよさを心と頭と体全体で感じ取り，刻み込んでいくような体験が不可欠である。本時では，そこに携わる人々の郷土を愛する思いを子どもが感じ取れるようにしたい。そこで，当初は郷土に対する思いが低かった「ぼく」が，まわりの人々の熱意を感得していくことで，郷土をこれまでとは違う目で見つめていくようになる過程を通して，まわりの人々の思いをじゅうぶんに想起できるようになるための発問構成とした。

2　展開例

- ねらい：郷土に古くから伝わるものに親しみ，自分もそれらを大切にしていこうとする心情を育てる。
- 学習指導過程

学習活動　主な発問と児童の反応	指導上の留意点
1　郷土の祭りや他の地域の祭りについて発表し合う。 ○みんなの知っている祭りはあるか。また，祭りに行ったことはあるか。 2　資料「ぎおんまつり」を読んで話し合う。 (1)　山鉾が傾いたとき，ぼくはどんな気持ちだったか。 ・倒れてしまうのではないか。 ・こわい。落ちたらどうしよう。 (2)　みんなのかけ声を聞いたぼくは，どんな気持ちか。 ・みんな，本気になって引いているんだな。 ・心が一つになっている。 ・祭りがどれだけ大切なのかわかった。 (3)　やめようとしたのに，ぼくはどんな考えで練習を続けたのか。 ・おじいさん，おとうさんも頑張ってきたから。 ・ぼくも祭りを守りたい。 3　地域の人が大切にしているものについて発表する。 ○みんなの住んでいる場所で，まわりの人が大切にしているものはありますか。 4　郷土を守る人のお話を聞く。	・事前に調査して，児童の経験を把握しておく。 ・観光で知り得た祭りだけでなく，実際に経験したことについて，感想を交えて発表させる。 ・山鉾の写真や映像，大きさを具体的に示すことで，傾いたときの緊迫感を想起させる。 ・「エーンヤコーラ」というかけ声を実際に再現させるなどして，人々の気持ちを想像させる。 ・練習のたいへんさを補助発問を通して想像させ，ぼくの思いを共感的に考えさせたうえで，ぼくが自分自身も祭りの担い手になろうとした気持ちに気付かせる。 ・生活科における「町たんけん」などの学習におけるカードなども必要に応じて効果的に活用させ，身の回りのものやことを，郷土愛の観点に結びつけて振り返らせる。 ・公民館長を招いて，地区を守る気持ちと，郷土に伝わるものを紹介してもらう。

●第1学年●

「ぎおんまつり」の発問構成　2
たくさんの人々とのつながりに気付かせるための発問構成

1　発問構成のポイント

　文化や伝統には，人と人とのつながりが凝縮されている。文化や伝統に関する学習は，子どもが自分の生きる場を知り，身近な様々な対象との関係を広げていくことでもある。子どもは，そうした人々とのつながりや身近なかかわりにおいて，自分が成長していくための土壌を確かなものとしていく。このように，文化や伝統，郷土を愛する心は，そのよさを自覚するところから芽生え，それらをよりよく発展させようとする意欲へと段階的に高まるものである。低学年はそのよさを自覚させる段階であるといえるので，ここでは，人と人とのつながりに注視させることで郷土のよさに気付かせていく発問構成とした。

2　展開例

- ねらい：郷土の文化や伝統はたくさんの人々に支えられてきたことに気付き，それらを大切にしていこうとする心情を育てる。
- 学習指導過程

学習活動　主な発問と児童の反応	指導上の留意点
1　郷土の祭りや他の地域の祭りについて発表し合う。 ○みなさんの知っている祭りに，何人くらいの人が集まるか知っていますか。 2　資料「ぎおんまつり」を読んで話し合う。 (1) 見物人の声からぼくはどんなことを考えたか。 ・こんなに人が集まってうれしいな。 ・みんな，大きな声で，心配してくれている。 (2) 拍手と歓声に，うれしくなったぼくの心の中はどのようなものであったか。 ・ぼくの祭りってすごいな。 ・嫌なときもあったけど，今はうれしい。 ・みんながこんなに応援してくれているのだな。 (3) 千年も続く祭りと知り，ぼくは何を考えたか。 ・おじいさん，おとうさんも頑張ってきたから。 ・ぼくも祭りを守りたい。 3　地域の人が大切にしているものについて発表する。 ○みんなの住んでいる場所で，まわりの人が大切にしているものはありますか。 4　教師の説話を聞く。	・子どもが知っている祭りの集客人数のデータを整理し提示する。 ・祇園祭に集まるたくさんの観客の写真や新聞記事などを補助資料とする。 ・見物人の声がどのような声なのかを，動作化などで確かめさせる。 ・練習の時とは対照的なぼくの今の気持ちを想起させることで，多様な意見を引き出させる。 ・生活科で調べた町探検で見つけたものを振り返らせる。 ・富士山が世界に誇る日本の山であることを紹介し，視野を広げる。

4-(5) 郷土愛

●第2学年●

「ひろばの花」の発問構成　1
郷土の祭りで，自分が役に立つ喜びを味わわせる発問構成

1　発問構成のポイント

　自分の郷土を愛する子どもを育てるには，まず，子ども自身が郷土のなかで生活をしているという実感をもつことが大切である。郷土に生きる楽しさやよさは，生活科や特別活動や日常の遊びなどのなかで，体験を通して体得するものである。

　資料における花に水をやる作業は，生活科を中心として，どの子どももこれまでに体験してきている作業である。この身近な事例によって，登場人物の気持ちに共感させ，祭りという伝統や文化の継承のなかで，等身大の自分の姿を重ね合わせ，自分が果たす役割を容易にイメージさせるための発問を構成する。

2　展開例

- ねらい：郷土に親しみを感じ，郷土のために役に立とうとする態度を育てる。
- 学習指導過程

学習活動　主な発問と児童の反応	指導上の留意点
1　夏祭りについての経験を発表し合う。 　○これまでに，夏祭りに行ったことがありますか。 2　資料「ひろばの花」を読んで話し合う。 (1) 水やりを頼まれたひろしはどんな気持ちになったか。 　・たいへんだな。 　・広場なんて，なければよかったのに。 (2) 恥ずかしいような気持ちになったひろしは，どのようなことを考えていたのか。 　・みんな，祭りを大切にしているんだな。 　・嫌がっていたと知られたらまずいな。 　・祭りを成功させるため，おとうさんはぼくに大切なことを頼んだのだな。 (3) どんな気持ちから，水やりをすると父親に伝えたのか。 　・みんなのためにも，ぼくはやる。 　・ぼくも祭りを成功させたい。 3　自分の好きなことや町について話し合う。 　○町や人々のために，役に立つことをしたことがあるか。 4　教師の説話を聞く。	・これまでの経験のなかで，祭りに参加したときのことを想起させ，情報交流をさせる。 ・日常の手伝いについての経験などを想起させながら，主人公の気持ちを共感的に考えさせる。 ・たくさんの人々の熱い思いを知り，自分の水やりが，祭りのために役に立つことを実感した主人公の気持ちと，仕事を嫌がっていた気持ちとを対比させながら考えさせることで，多様な意見を引き出させる。 ・自分に頼んでくれた父親の気持ちについても考えさせることで，自分が役に立つ喜びを実感している主人公の気持ちを想像させる。 ・自分たちの住む場所について紹介し合い，どのようなかかわりをしてきたのかを振り返らせる。

146

●第２学年●

「ひろばの花」の発問構成　２
郷土に受け継がれてきた祭りのよさに気付かせる発問構成

1　発問構成のポイント

　文化や伝統を学ぶことは，子どもが自分の生きる場を知り，身近にある様々な対象との関係を深め広げていくことである。それは，単なる知識としての気付きではなく，手で触れ，参加し，体験するなど，子どもたちが自身の生活のなかで直接享受できるものこそが文化や伝統からの気付きであり，生きていくうえで必要な生活土壌となり，人と支え合い，つながっていく学びとなるものである。そこで，祭りにこめた父親の思いを通して，祭りに対する思いを深めていく主人公の心情に着目させ，人と支え合い，つながっていく伝統・文化・郷土の大切さに気付かせるための発問構成とする。

2　展開例

- ねらい：郷土に受け継がれてきたもののよさに気付き，大切にしようとする心情を育てる。
- 学習指導過程

学習活動　主な発問と児童の反応	指導上の留意点
1　夏祭りについての経験を発表し合う。 ○これまでに，夏祭りに行ったことがありますか。 2　資料「ひろばの花」を読んで話し合う。 (1)　おとうさんは，どんな気持ちから花を植えたのか。 ・祭りの頃にきれいに咲かせよう。 ・祭りに来た人を楽しませたい。 (2)　おとうさんは，どんな思いから，ひろしに水やりを頼んだのか。 ・ひろしも祭りを大切にしてほしい。 ・祭りのため，ひろしのできることを頑張らせたい。 ・みんなを喜ばせる大切な役割を任せたい。 (3)　夜遅くまで，話合いをしているおとうさんたちはどんな思いでいるのか。 ・みんなで，祭りを成功させるぞ。 ・祭りのため，みんなで集まれてうれしい。 3　地域の人が大切にしていることについて発表する。 ○みんなの住んでいる場所で，まわりの人が大切にしているものはありますか。 4　教師の説話を聞く。	・これまでの経験のなかで，祭りに参加したときのことを想起させ，情報交流をさせる。 ・父親がどれだけ祭りを大切に思っているかについて考えさせる。 ・自分に頼んでくれた父親の気持ちについて考えさせることで，受け継がれてきた祭りの重みとよさについて多様な考えを出させていく。 ・父親だけでなく，多くの人々が遅くまで集まり，祭りを成功させようとしていることに気付かせ，みんなで支え合っていくことの大切さについての理解を深めさせる。 ・自分の住んでいる地域を見つめさせながら郷土のよさを確かめさせ，また，生活科などとの関連を図りながら自分にとって大切なところとして継続的に自覚できるようにしていく。

（平野　美和）

おわりに

　学校における道徳教育は，学習指導要領に示された道徳教育の目標を目指して行われます。具体的には，教育関係法規の規定，時代や社会の要請や課題，教育行政の重点施策と学校や地域の実態と課題，教職員や保護者の願い，何よりも子どもの実態と課題などをもとに学校の道徳教育の目標を設定し，具体的な教育活動を展開することになります。つまり，学校の実情や子どもの実態が異なるため，具体的な道徳教育も当然異なることになります。学校が道徳教育を充実したものにするためには，学校が道徳教育を通して目指す子ども像を明確にして，全教職員が共通理解の上に共通実践することが求められます。一人ひとりの教師が切実感をもって道徳教育を行うことが肝要です。

　道徳の時間の授業は，道徳の時間以外で行われた道徳教育の成果と課題を勘案して，これを補充，深化，統合することが求められます。前述の通り，学校における道徳教育の内容は，学校によって異なります。このことから，仮に同じ内容，同じ資料を活用するにしても，授業展開がまったく同じになることは考えにくいでしょう。

　道徳の時間の授業を充実したものにするためには，授業者が本時の道徳的価値について理解を深め，本時までに行われた道徳的価値にかかわる道徳教育の成果と課題から補充，深化，統合の方向性と，これらに基づく資料の活用方法を明確にすることが求められます。資料の内容だけにとらわれることなく，授業者の確かな指導観をもとに授業を構想することが肝要です。

　本書は，同一の資料であっても授業者の意図によりその展開方法は多様であるという考えのもとに作成したものです。学校で活用される頻度が高い資料について，二つの展開例を示しています。これ以外の展開も当然考えられますが，本書の事例を参考にしていただければ幸いです。

　本書の作成にあたって，ご執筆くださいました多くの先生方に，心より御礼を申し上げます。
　なお，本書を上梓するにあたってご尽力いただきました青木佳之氏をはじめとする教育出版の皆様に心より感謝の意を表する次第です。

平成25年10月

赤堀　博行
柳下　高明

編者・執筆者紹介

【編者】

赤堀　博行	文部科学省
柳下　高明	埼玉県所沢市立牛沼小学校

【執筆者】(掲載順)

神崎　祐輔	千葉県船橋市立葛飾小学校
渡部由美子	弘前大学教育学部附属小学校
岡﨑　秋世	埼玉県所沢市立東所沢小学校
大野　寿久	東京都中野区立江古田小学校
斎藤　恵美	福島県伊達市立保原小学校
岸本　貴之	北海道網走市立白鳥台小学校
大羽　淳也	岐阜県岐阜市立加納小学校
井手上　鮎	東京都足立区立西伊興小学校
小林沙友里	東京都足立区立亀田小学校
井原　賢一	愛媛県今治市立常盤小学校
田中　博	東京都足立区立東綾瀬小学校
黒瀨　敬	岩手県盛岡市立河北小学校
松原　雅恵	岡山県岡山市立平福小学校
木下　美紀	福岡県福津市立津屋崎小学校
村上桂一郎	東京都中野区立鷺宮小学校
庄子　寛之	東京都狛江市立狛江第一小学校
海馬沢一人	東京都中野区立塔山小学校
遠藤　修	東京都稲城市立稲城第一小学校
鈴木　芽吹	東京都中野区立塔山小学校
野村　宏行	東京都東大和市立第八小学校
平野　美和	福島県郡山市立桜小学校

編者プロフィール

赤堀　博行（あかほり　ひろゆき）

文部科学省初等中等教育局教育課程課教科調査官
（国立教育政策研究所教育課程調査官兼務）
東京都生まれ。小学校教諭および東京都調布市教育委員会指導主事，東京都教育庁指導部主任指導主事等を経て現職。
主な著書
『道徳教育で大切なこと』東洋館出版
『心を育てる要の道徳授業』（編著）文溪堂
『道徳の時間の特質を生かした授業の創造』教育出版
『自己の生き方についての考えを深める道徳授業の創造』（編著）明治図書
『道徳授業の定石辞典』（編著）明治図書　ほか

柳下　高明（やぎした　たかあき）

埼玉県所沢市立牛沼小学校長
埼玉県生まれ。小学校教諭および教頭，埼玉県立総合教育センター主任社会教育主事を経て現職。

道徳授業の発問構成　1・2年

2013年10月31日　初版第1刷発行

編　者　赤堀博行
　　　　柳下高明
発行者　小林一光
発行所　教育出版株式会社
101-0051　東京都千代田区神田神保町2-10
電話 03-3238-6965　FAX 03-3238-6999

©H. Akabori／T. Yagishita　2013
Printed in Japan
乱丁・落丁本はお取替いたします。

組版　ビーアンドエー
印刷　藤原印刷
製本　上島製本

ISBN978-4-316-80396-8　C3337